中国道教文化之旅丛书

朱家角城隍庙

总 主 编 李光富
本册主编 成笃生
编　　著 刘仲宇 翟仁军

华夏出版社
HUAXIA PUBLISHING HOUSE

《中国道教文化之旅》编辑委员会

总 顾 问：任法融
总 主 编：李光富
主　　编：李寒颖
执行主编：张兴发
副 主 编：

张金涛	黄至杰	孟至岭	袁志鸿	胡诚林	谢荣增	陆文荣	张高澄
吴诚真	董中基	张诚达	吉宏忠	张明心	赵理修	邓信德	袁宗善
梁崇雄	吴理之	丁常云	刘怀元	林　舟	黄信阳	黄至安	唐诚青
张东升	李兆彩	刘世天	周高德	杨世华	郭汉文	李宗贤	廖东明
孔阳元	张建明	孙崇善	唐嗣岳	李绍华	文崇斌	于宗石	孙常德
董崇文	王书献	潘崇贤	欧冶国	詹达礼	喇宗静	蔡万圻	尹信慧
申辽原	杨柏青	陈万蕡	冯　鹤

编辑委员会委员：（按姓氏笔画排序）

丁常云	刁玉松	于宗石	万　文	尹信慧	邓信德	王书献	王彤江
王　驰	王崇道	王理砚	王高静	王金华	文崇斌	方本财	孔阳元
孔新芳	冯　鹤	申辽原	申明清	任法融	任兴之	吉宏忠	冯可珠
刘怀元	刘世天	刘少波	刘玄遵	孙常德	孙敏财	孙崇善	朱　泽
陈晓明	李光富	李寒颖	李兆彩	李宗贤	李信军	李　福	李绍华
李　纪	李宗旭	张金涛	张高澄	张诚达	张明心	张建明	张兴发
张崇新	张东升	张开华	张　凯	张至容	张建智	陆文荣	吴诚真
吴信达	吴理之	杨世华	杨明江	杨梦觉	杨柏青	陈法永	陈明昌
陈信桂	陈万蕡	陈理复	陈崇真	宋学刚	何良富	邹理惠	孟至岭
林　舟	林美菊	周高德	周智虚	欧冶国	郑志平	郑明德	胡诚林
赵理修	姚树良	郝光明	钟国发	唐诚青	唐嗣岳	袁志鸿	袁宗善
袁兴愿	郭汉文	陶　金	贾慧法	夏高贞	黄信阳	黄至安	黄至杰
黄健虹	梁崇雄	谢荣增	喇宗静	董崇文	董中基	詹达礼	詹和平
简祖洪	蔡万圻	蔡亚庭	廖东明	翟仁军	潘崇贤	霍怀虚	薄建华
鞠崇学

编辑工作办公室主任：王彤江

序

经过多年的努力，这本书终于能问世了。借着书出版的机会顺便说几句。一是说说本书的出版缘由，二是对所有参加本书编写工作的朋友表示感谢。

一

朱家角城隍庙，是原青浦县城隍庙的分祠，但在20世纪80年代开始的落实宗教政策的过程中，倒比邑庙（原庙）还早几年恢复。究其原因，要从朱家角的地位讲起。

朱家角镇，原本只是青浦（原称县，现为上海市的一个行政区）的一个镇，但由于位置在淀山湖边，正处于上海通往江、浙、皖的要冲上，所以很早就引起了关注。改革开放以后，又成了上海市郊较早得到开发的古镇，是市民们经常光顾的旅游点。所以，朱家角城隍庙处在这样一个万众瞩目的地区，也就较早得以恢复。又过了若干年，随着青浦一带城市的发展，邑庙——"青浦县城隍庙"才正式恢复。

朱家角城隍庙位于市郊的著名风景区朱家角古镇中，离淀山湖很近。上海面临东海，枕带长江，黄浦江、吴淞江为之贯通血脉，号称母亲河。本来，整个上海地区都是水乡泽国，但是历尽沧桑，随着现代化的进程，成为当代中国最大的都市，原来的湖泖河浜，许多早已经湮没。目前上海

周围最大的湖泊就是淀山湖。住惯了高楼、看厌了水泥森林的市民,总想找个亲近自然又带有点人文气息的地方走走,放松一下习惯了快节奏生活的紧张神经。那么首选之地,便是淀山湖畔的朱家角镇。此地河网交织,坐上游艇,可以享受自然之风的吹拂,又可步入小街,体验民风,品尝小吃。再游览一下佛道胜迹,私家园林,发思古之幽情,消心中之块垒,岂不快哉!而且,朱家角离市区也不远,江泽民同志曾游览此处,并题词"江南古镇朱家角",益发为之增添了光彩。此处得到地方政府的高度重视,现已成为中外游客集聚之地。

如果说,朱家角镇是淀山湖畔的明珠,那么城隍庙就是这颗明珠上的闪光点。因为它静静地镇守在镇子的一角,却汇聚了全镇的精神,也让穿街过巷沾染了烟火气的游客,来此静静身,清清心,醒醒脑子,再登上游艇,让河上的清风彻底抹去烦恼,将身心都融入这江南美景之中。所以,城隍庙经常是人来人往,以清静之地迎接喧闹的游客。

然而,进入朱家角城隍庙的游客大多时间有限,匆匆一过,很少能够充分领略其中的历史和文化。要补上这一不足,需要从多方面做文章,其中一项,就是写出足够引人入胜的介绍。我们很早以前就有意做这项工作,但限于条件,一直没能如愿。正值中国道教协会出版"中国道教文化之旅"丛书,让各庙宇宫观写出自己的书,分批出版。朱家角城隍庙也列在出版计划之内,这对我们是很大的鼓励,也是一个鞭策。于是我们组织起编写人员,历时两年写成了初稿,复又修改几遍,本书终于有了如今的模样,可以和读者见面了。

二

朱家角城隍庙是青浦城隍庙的行祠,它的邑庙(原庙)在青浦城区。本来城隍庙是每个县都有的,但有的地方像朱家角一样设有城隍行祠,这

样一来，就超出了一县一庙的定制。所以综合起来看，全国历史上有过多少个城隍庙，现在还剩下多少，都是需要认真调查的。城隍庙是道教众多宫观庙堂的一种，其实不是道教的主要宫观，而城隍神的品秩，在道教神仙谱系中也不算高，就连城隍庙屋檐上的装饰也不能用龙，用的是鲤鱼。

但是，正因为城隍神的地位不算太高，才能与一地一时的民众保持着最密切的联系。有的民众称城隍是阴间的父母官，也就是神道中与民生直接相关、与人的生死荣辱联系得特别紧密的神明。拿今天的话说，就是特别接地气。城隍信仰以及由此衍生出的整个城隍文化，是内涵深厚、丰富多彩的道教文化的一部分，在中国文化史上占有重要的地位。随着现代化、城市化的发展，城隍文化和整个道教文化也走进了新时代。这种古老的文化并没有失去价值，反而焕发了新的生机。

最近几十年来，各地陆续修缮或恢复了城隍庙，有的还成了一方大庙，对于当地经济、社会、文化的发展起着重要的推动作用。一方面，它作为中国传统文化的载体，用一个固定的空间展示出传统的凝结和延续，同时又成为展示传统的窗口，总之，它是传统文化的象征。另外更重要的一个方面在于，城隍庙所承载的一部分优秀的文化基因，成了当今建设新文化的资源，成了缔造和谐社会的垫石。所以，当代人对于城隍文化的研究也逐渐多了起来，有人出书，有人写文，有人查文献，有人做田野调查。做得多了，条件成熟了，还会召开研讨会。我们写的这本书，其实是整个城隍文化研究的成果之一。只是站在一个较微观的视角上，介绍一种地域性的城隍文化。朱家角城隍庙是本书的焦点，通过它，我们能看到城隍文化是怎样在一个小镇上落地生根的，也能看到它是怎样在现代化的大潮中前进，和怎样调整自己的脚步，努力与当代社会的发展进步相协调的。所以，尽管我们写的只是一个点——朱家角城隍庙，却希望读者能从中看到中华

传统文化的魅力，看到中华民族生生不息的顽强性格，当然也希望传统的信仰、美德可以用这本书作为渠道，流向人们的精神世界，汇入现代文明的海洋。

三

从20世纪80年代起，中国兴起了"文化热"，对传统文化的关注、思考、评价，一时成为大众热点。进入21世纪以来，社会上向传统回归的心态越来越明显，传统节日、传统民俗、传统的娱乐，乃至传统的服饰、传统的美食，越来越多地成为人们研究和体验的对象。这应当是着随改革开放和经济社会发展，民族自信、文化自信提升的表现。对于道教文化的分支——城隍文化，正如前面说到的那样，聚焦也非常多。由于关注者兴趣不一，研究者介绍的方式也各有不同。有的以资料搜集和解读为主，有的以深入学术探讨、理论分析为己任，有的将田野调查作为主导，都各有优点，也各有成果问世。而我们写的这本书，在笔法方面，也有一些自己的特点。

这本书，是要全面讲述一座地方庙宇的故事。这座庙位于现代化大都市的周边小镇，有四百来年的历史，发生过许多有趣的故事。我们的责任，就是把这样一座庙，用感性的笔触介绍给大家。所以书中极少有理论研究，也很少去挖掘深刻内涵，更没有引用多少奥僻的古文，只是用平平常常的大白话，把一个活生生的朱家角城隍庙呈现在大家面前。城隍庙文化，通常来说集文献、传说、信仰膜拜行为和建筑像设为一体，是非常感性的存在，微言大义，往往隐藏在这些感性的事象背后。所以尽管介绍城隍庙时，要用到历史和宗教的眼光，但在表述方式上，则多要用些散文的笔法，在叙事中多用些文学的语言，包括传统文化中所谓"传奇"的写法。我们所说的内容都有文献可供佐证，关于城隍庙的种种神奇故事也在老百姓中代

代相传，不过在此基础上，我们还是试着从美学层面去表达，向读者娓娓道来，让读者仿佛在读一本美妙的游记，听一位老人饭后的闲聊。字里行间，有作者介绍的美景，也流淌着作者的情感。至于读者是否能从中获得阅读的愉悦，感受到城隍故事的美，就要看读者们的体验和评价了。

最后要再一次感谢为本书问世付出过努力的各位同仁，包括书的编写者、中道协审读书稿的道友，以及出版社的编辑们。没有他们齐心协力的工作，这本书就不可能以这样的面貌呈现给读者。

成笃生　翟仁军

2019 年岁末

目　录

小引 / 1

古镇古庙 / 3
风光殊胜的淀山湖 / 6
江南古镇朱家角 / 12
古镇的守护者，人神沟通的场所 / 17
庙门为何朝东开 / 21

老银杏的诉说 / 25
为戚总兵的行辕站岗 / 26
看着城隍爷进驻 / 35
最风光的日子，最沉寂的岁月 / 40

威灵显赫，城隍正神 / 43
城隍神的来历和位业 / 44
沈恩其人 / 47
沈恩其神 / 52
多封了几个字的县城隍 / 56
回访分灵的祖庙——青浦城隍庙 / 58
庄严出巡 / 61

神灵的聚会 / 65
水乡民风 / 66
城隍庙与神灵的汇集 / 68
刘猛将与施太公——典型的环太湖神祀 / 69

神灵出行的湖区特点 / 76
到处可见的土地爷 / 79
"二太子"与他的夫人 / 83

承平雅颂，酬神娱人 / 87

好一座戏台！/ 88
"承平雅颂" / 90
一个小世界 / 92
挽留传统 / 93
酬神与娱人 / 95

高悬的大算盘 / 103

殿前一景 / 104
商家算盘和道家算盘 / 106
"千算万算不如老天一画" / 112
劝善与惩恶的数学模型 / 115
道教劝善活动的信息场 / 124

承古连今，旧庙新颜 / 127

新时代，新机遇 / 128
愿心与善心 / 132
旧庙换新颜 / 136
走进现代的城隍庙 / 138
城隍神重坐新衙 / 141
更多的文化功能和发展前景 / 143

小引

  翻阅 2004 年第 1 期的《上海道教》杂志，里面赫然有这样一条消息，引起了我的注意：2003 年 3 月 19 日，当时的国家主席江泽民同志在上海市委书记、青浦区委书记等一行人的陪同下参观了朱家角城隍庙。这件事当时没有公开报道，而是在将近一年后才由成笃生道长的文章《温暖的回忆，永远的鞭策》披露，同时还刊登了一张照片。

  江泽民同志参观的朱家角城隍庙是一座古庙，我以前也曾听说过，但是一直没有机会去，看了这篇报道，顿时产生了前往探访的冲动。

  当然，在去之前照例要做做功课，将这一景点的背景和大致历史搞清楚。

古镇古庙

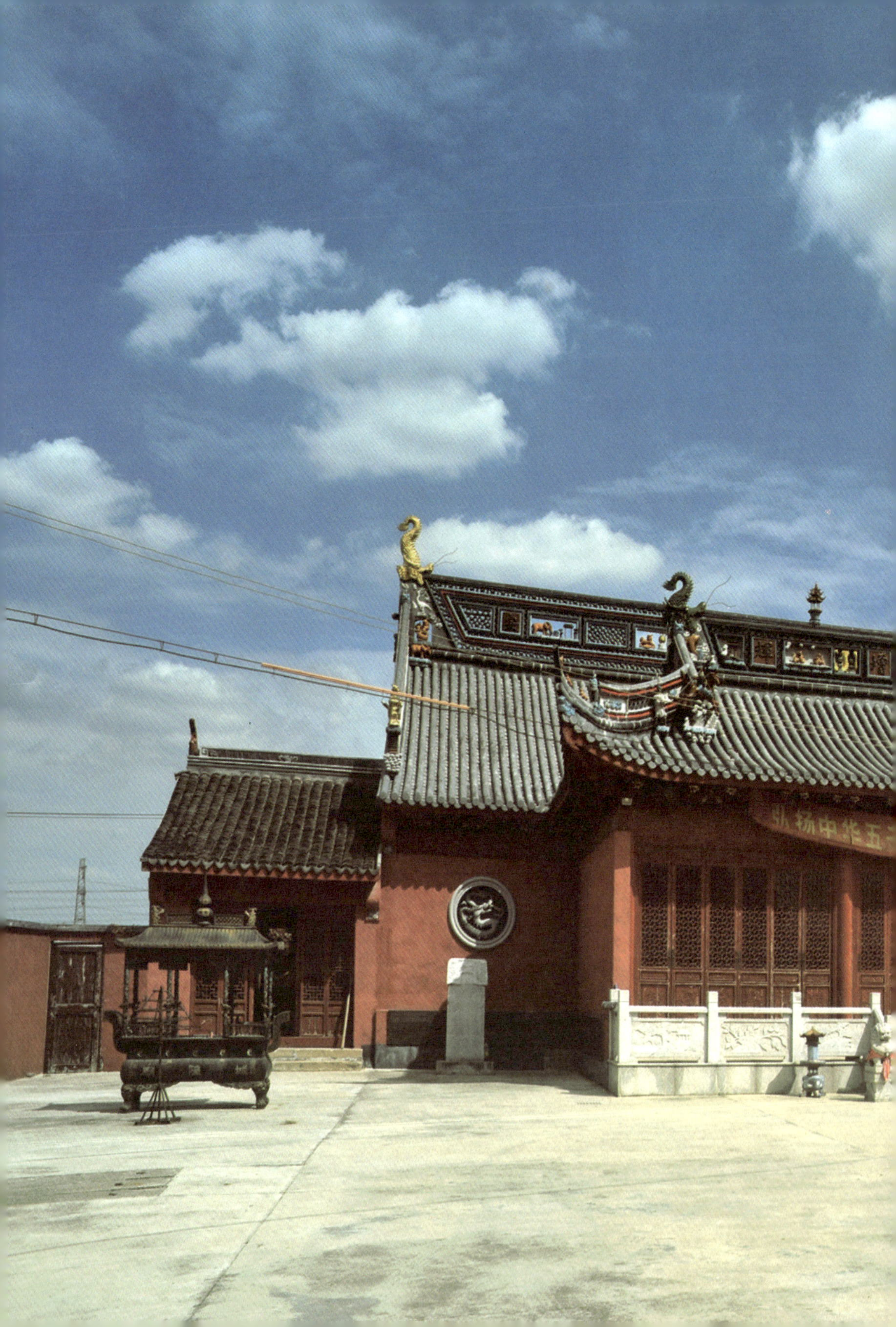

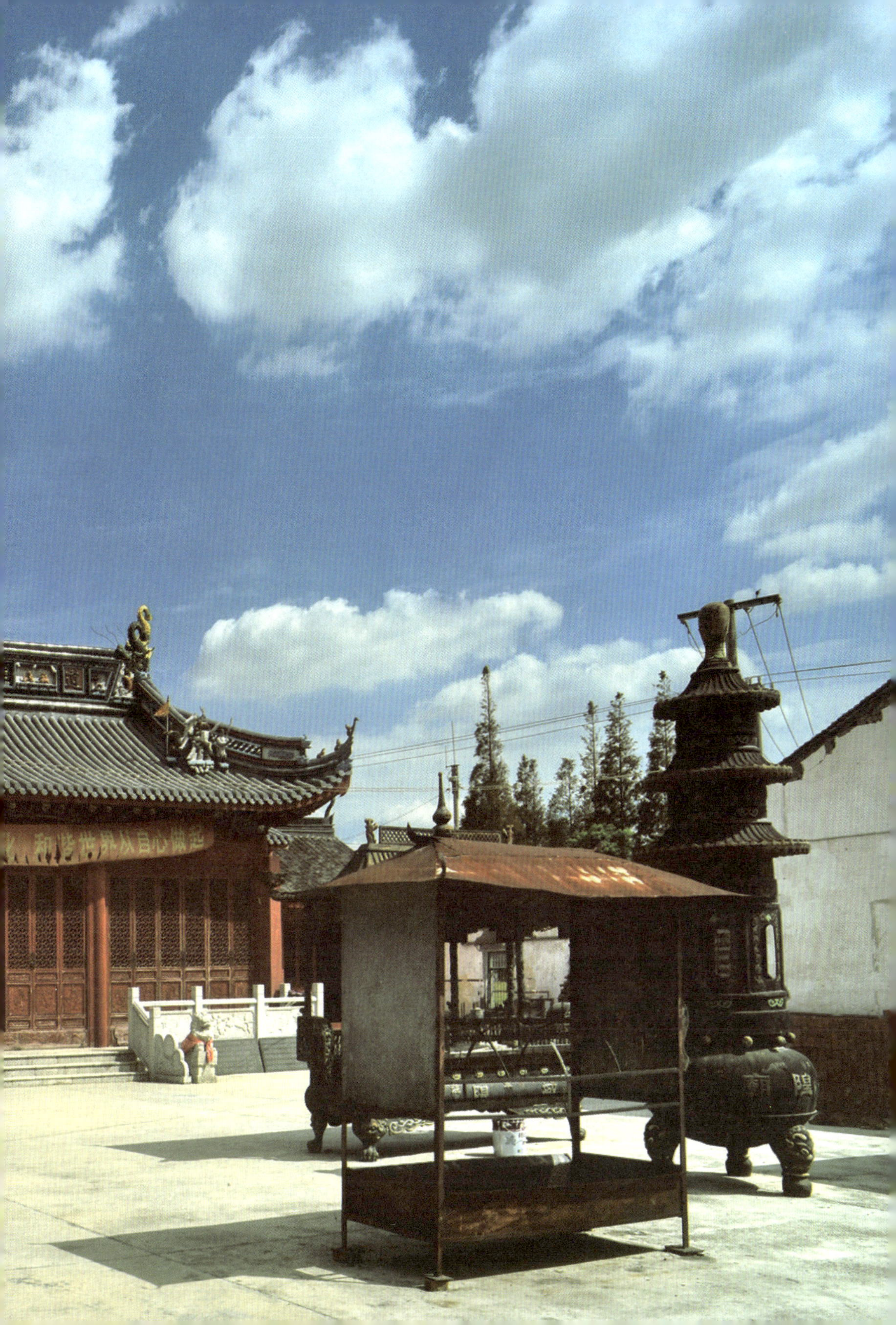
和谐世界从自心做起

风光殊胜的淀山湖

要去朱家角城隍庙，先要弄清楚它的位置：上海青浦区的淀山湖畔。从上海市区出发，经过大约40分钟车程，就来到了这一烟波浩渺之处。

淀山湖，又写作薛淀湖、淀湖，据说湖中有一座小山，叫淀山，所以称作淀山湖。不过，现在的淀山在岸上，离湖边还有几公里。历史上到底是因为此

◎ 淀山湖

山在淀湖中所以称淀山，还是湖围着淀山，所以叫淀山湖，也考证不清了。只是原来处于湖中的山如今已移到了湖外，足见原来的淀山湖水域比现在大得多。据说，湖岸线原有二百多里，现在却只有七十多里。不过，即使水面大大缩小了，淀山湖还是有六十平方公里，是上海郊区最大的淡水湖。严格来说，它是上海市与江苏省共有的水域，站在上海这一边，往西眺望，隔着白茫茫的水面，在离淀山湖西岸不远处，就是江苏省著名的风景区——古镇周庄。淀山湖这一美丽湖泊的三分之二在上海市青浦境内，而其周边河流众多，又广泛连接着今天的江苏省、浙江省以及安徽省南部。

淀山湖中盛产鱼虾，周边是江南水乡的富庶之地，而且颇富特产。比如青浦薄稻，便是上乘的粳米。水乡物流以往多走水路，湖向来又是河流汇聚之区，所以周边四通八达，自然而然地成了一方交通枢纽。南来北往的船，连通着陆上的村镇，村镇的大小码头自然汇聚了万千商贾，更多的河则直通到稠密的农家，这样就形成了淀山湖周围独特的水乡经济圈。

淀山湖本身也是极好的游览胜地，很早就引起了文人的兴趣，留下了

不少诗词歌赋。南宋著名词人吴文英（约1200—1260年）有一首《满江红》，写的就是淀山湖：

  云气楼台，分一派，沧浪翠蓬。开小景、玉盆寒浸，巧石盘松。风送流花时过岸，浪摇晴练欲飞空。算鲛宫、只隔一红尘，无路通。
  神女驾，凌晓风。明月佩，响丁东。对两蛾犹锁，怨绿烟中。秋色未教飞尽雁，夕阳长是坠疏钟。又一声、欸乃过前岩，移钓篷。

  根据吴文英的词，可以想见，他站的地方，是湖边的一处园林，伸入水中的楼台，远远望去像处于沧浪中的蓬莱仙境。只是在这楼台上却又放置着一些小盆景，奇巧的石头上盘着遒劲的小松树——想来是浙江的天目松吧，那时似乎还不兴现今的五针松。南宋时代，中国盆景已经相当成熟，文人题咏颇多涉及。只是一般来说，盆景是文人墨客的雅玩，寻常人家不多见。吴文英那样的著名词人，交往的宾朋也一定不俗。他的吟咏，足以说明当年淀山湖畔，不仅是一富饶之区，也是文化较繁荣的地方。小景而"开"，大概是一语双关，既说盆景，又借喻眼前的淀山湖——那眼前的景致，不正是一幅浓缩了的江南胜景，就像盆景能"缩龙成寸"一样。

  淀山湖比起浩渺的洞庭湖、包孕吴越的太湖，自然不算大，但小中见大，南国的湖景风光仍十分典型。吴文英词中最传神的还是这两句："风送流花时过岸，浪摇晴练欲飞空。"轻风吹拂，在湖中轻轻翻涌的细小浪花不时被送上岸去，波浪轻摇，那水面真像晴天下的素练，似乎要晃荡着飞上天空。此景此情，吴文英不由得感慨：水底是鲛人们的宫殿，只是仙凡永隔，怕是无路通往那里了。中国古人相信深水之中常有鲛人出没。鲛人，也就是寻常说的美人鱼，或者叫鱼美人，她们可美了，连哭泣时流下的眼泪，都能立马变成珍珠。可是她们是水中仙子，凡夫俗子岂能轻易见到？所以呀，吴文英是在想象中看到神女在晓风中缓行，身上挂着如明月的玉佩，叮咚作响，只是她们眉睫之间似乎埋着些幽怨，是因为找不到意中郎君还是因为太寂寞？如此看来，吴文英笔下的神女，似乎又是现实世界中

的女郎。吴文英的词中虚幻与现实交织转换,在他笔下,神女们是那么美好,是可以亲近的。偶尔传来一声雁鸣,提醒人们秋色将要转深。在夕阳中传来一声声疏朗的钟声,一定是哪座寺院宫观隐藏在岸边的树荫里。临近黄昏,垂钓的小船也跟着转一个地方,橹声划破水边的宁静,那船儿离开靠着的小岩石,慢慢地荡开去。悠远,又似乎是世外桃源。吴文英的词,将我们带回到八百年前。那淀山湖的美,是野性的,又带有浓郁的人文气息,这一点与杭州的西湖类似。只是西湖贴近闹市区,也融入了城市,人文的塑造更加突出,而淀山湖则离尘嚣更远,野性的自然风光多一些。而且,淀山湖作为苏、浙、皖水路交通枢纽,经济的功能也比西湖重要。

  吴文英写的还只是淀山湖秋末的景象。实际上,淀山湖一年四季景色各异,耐人品玩。

  北宋著名的山水画家郭熙曾说过:"春山淡冶而如笑,夏山苍翠而欲滴,秋山明净而如妆,冬山惨淡而如睡。"这一名论举的例子是山,其实湖何尝不是这样?就拿淀山湖来说,春天的细雨给它罩上了一层面纱,那四周堤岸,鹅黄嫩绿,正显示着生机,偶尔几树桃花,点缀着热烈与奔放;点点帆影在淡淡的雾霭中掠过,平添了春的活力。夏天水满,波浪在骄阳下闪着银鳞,放眼四围,江南民居也在深绿的树林中显得分明,一层又一层,直伸向岸的深处;近黄昏时,那近水楼台,那点点渔火,将人从烦热引入清宁。烈日下放眼四围想找一个树荫系舟乘凉,第一眼看到的,却是岸上耀眼的红色,原来是石榴花正开得热烈,像是将全部生命通过红色透出。白居易《忆江南》词中"日出江花红胜火"一句,移到这湖景上,也十分贴切。秋天呢,吴文英的绝妙好辞,已经传达了精神。那飞雁,那淡月疏星,加上附近宫观寺院的晨钟暮鼓,唱尽了秋的萧瑟。遇上晴好的天气,湖上的雾借着阳光的热,升上去,升上去,成了云霞。夕阳西下时,不知何处来的风将彩霞吹动,散开去,散开去,变成了一缕缕的罗绮。若是冬天,又是另一番景象。北风中,湖面一片白光,对岸的民居楼榭都褪尽了原有的颜色,与白的湖水、白的天空溶为了一体。偶尔飘洒点点雪花,都积不成白色,而是轻轻地、轻轻地落入了湖中,没了踪影。置身其间,真觉得

天高水远，辽阔虚无。这湖有看不尽的景，变不完的色彩。

四季的景色不同，也常常可以品出不同的芬芳。春天花香多而杂，却都不怎么深郁，早春梅花盛开时馨香满园，飘到湖上，却已被水气融化，其他如桃花、李花、梨花，杂着菜地里的油菜花，还有岸边上不知谁家架子上的木香花，篱笆上缀满了的蔷薇，各种各样的香气在湖面上混成一片，再分不清是哪一种、哪一树。夏日花香深而烈，初夏的大花栀子，香气远远地送到你的鼻子里，茉莉花香的时间最久，似乎整个夏天都一阵阵地袭人衣。偶尔一个湖边上的小湾，种了莲藕，只见"接天莲叶无穷碧，映日荷花别样红"，凑近去闻香难有收获，倒是稍一离开，却飘来一阵淡淡的清芬。秋天花虽不多，香却浓。湖岸上种了不少桂花，飘来浓香最多，成熟的橘、柚，也将香气送入湖面。冬天，群芳消歇，湖面上没有了那么多的花香，却能闻到周围村镇农舍中飘散出的阵阵炊香，鱼的香，肉的香，鸡鸭香，蒸糕点的香，有的咸，有的带点甜，还有不知是酸味还是酒糟味，汇成了一片。是花香消尽更显出炊香，还是冬天的炊香特别浓？突然又一阵花香袭来，是蜡梅开了，是腊月也是一年中最后的花讯，正报告到了年底，家家户户在办年货，准备年饭，怪不得那炊香特别浓。

至于湖中四时物产，自然也各有一绝，春天的白鱼细嫩，夏日的虾籽味浓，秋天蟹肥引动酒思，冬日鲞香令人食指大动。游在湖上，徜徉湖边，到处是景，到处是味，也到处是情。

淀山湖的美，不仅在于风光与物产，最根本的还是这里的人情，这里人民的信仰。他们有着爱情的滋润，有着自己的美好追求。陈竺生的《淀湖棹歌》，作为状写这一带民情风俗的诗歌，便相当传神地描绘出这里的风土人情。请看：

香花桥畔踏歌行，歌出侬郎两种情。
怪底钿湖亦两截，半湖水浊半湖清。

写的是男女爱情，通过踏歌的集体娱乐，男女青年在这里交往、恋

爱。爱未定，又常常流露出怨声。其中"怪底钿湖亦两截，半湖水浊半湖清"一句，巧妙地借用了眼前实景。淀山湖实际上是由两个湖汇合而成的，而两个湖的水清浊各异，汇成一湖时便是半湖清半湖浊。用眼前景致比兴，与刘禹锡竹枝词"东边日出西边雨，道是无晴（情）却有晴（情）"有异曲同工之妙。

再看：

八闸帆开浪拍天，鹿庐①心事为谁牵？
劝君莫做襄阳贾，大玉圩头好种田。

水乡交通四达，商贾往来，本地操此业者当然也有相当大比例。丈夫出外做生意，妻子难免心如辘轳般不定。她内心还是希望丈夫在本地种田，可以长相厮守。

湖畔的居民常怀着虔诚的信仰祈求神明的保佑。每到正月，有烧十庙香的习俗，若是心愿达成，则又要去还愿：

皇历频翻拣吉祥，侵晨装束好衣裳。
双双姐妹随娘去，了愿亲烧十庙香。

烧香拜神，是几乎全民参与的活动，早已成了当地民众精神生活的一部分。

我们说，一方水土养一方人。淀山湖不仅为人们提供生活资源、往来通途，同样也形成了独特的风土人情、精神、信仰。

诗词是古人对于淀山湖的歌颂赞美。进入新中国，淀山湖也遇到了更好的发展契机。她仍然那么美，那么迷人，在全新的时代。上海第一任市长，后来任国务院副总理、外交部部长的陈毅元帅，也是一位书法家、诗人，他在1964年游淀山湖时，曾写下著名的诗《过淀山湖》：

---

① 今通作"辘轳"。

又到水天空阔处，西望无涯通太湖。
主人船上出佳馔，鱼虾蔬菜鲜而腴。
湖水用来酿绍酒，果然水清绿不殊。
解放之前此逃薮，抗日曾是游击区。
往来帆船千百艘，而今公社业农渔。
人人参加大生产，到处安居丰乐图。
此湖最近大上海，繁荣可以更速乎？
我愿秋凉再来此，满筐大蟹醉糊涂。
以庆人民之青浦，以祝人民淀山湖。

陈老总的诗，给我们道出了淀山湖的美、淀山湖的富饶、淀山湖的历史与现在。他后来是否真来此"醉糊涂"，询之故老，说是没有再来过。但他留下的祝愿，却永远鼓励着湖区的百姓。他希望这里发挥临近大上海的优势，发展得更快一点，青浦人民也没有辜负他的期盼。

淀山湖是迷人的，不过，且不要在此处徜徉太久。让我们还是往朱家角走，去寻找那座古庙吧。

江南古镇朱家角

淀山湖地处苏浙皖三省水路汇聚之区，20世纪50年代又被划入上海市的行政范围，成了三省一市的水路交通枢纽。独特的地理位置，使得这里人烟稠密，商业与物流发达，特别有利于市镇发育。从宋元以来，在淀山湖周围形成了诸多的市镇，像商榻镇、青龙镇等都是名镇。

朱家角，也是淀山湖边的古镇之一。

从朱家角到淀山湖也就几分钟的车程。历史上，它就在湖边，是湖滨的一角。只是现今湖面远不及以往宽阔，曾经位于水边的小镇，如今与湖已经隔了几里地。而镇上的河流都汇入淀山湖。虽然与湖边还有距离，从地理脉络说，镇与湖还是一体的。

进入小镇，迎面而来的，就是江泽民同志的题字"江南古镇朱家角"。

◎ 江南古镇朱家角

朱家角古镇形成于宋元时期。到了清代更为繁荣。从时间上说，它确实够古老的。在中国五千年的文明史上，古镇不知凡几，但完整保留下来的却是不多。就在我们在写这本书的时候，在江西吉安召开的全国古村落保护现场会上传出惊人的消息：目前依旧保存与自然相融合的村落规划、代表性民居、经典建筑、民俗和非物质文化遗产的古村落，已由 2005 年的 5000 个，减少到不到 3000 个！① 关于这件事的报道以特大标题《7 年间少了 2000 个古村落》刊登在《文汇报》上，一下子抓住了读者的眼球，读后也让人揪心不已。号称文明古国的中国，正在受到现代化的冲击。中国的城市化进程迅速，密密的水泥森林取代了原先的集镇、村落，古村落常常是在经济相对滞后的农村环境中才得以保存，但是随着现代化的浪潮进一步侵蚀，农村也不能幸免。中国的农村，已经为中国的现代化贡献得太多。

　　比起那些消亡的古村落，朱家角是幸运的，因为它比较早就得到了保护。1991 年，国务院将它命名为"中国文化名镇"，到 2003 年，因为江泽民同志的题词，朱家角一直作为上海的旅游区得到保护。如今，它是上海郊区最活跃的旅游点之一，每天有大批的游客在镇外的停车场下车，成群结队地进入古镇，有序，却又难免拥挤。

　　所以，朱家角的"古"，保留到了现今，非常不容易。青石板铺就的街道，紧紧地挤满了旧式的民居，有大量明清时的老建筑，同样是青石垒成的桥缝里钻出来百年的石榴树，街边铺子里不知道已经卖了多少辈子的稻草扎肉、青小豆、绿粽子。还有就是河边的老码头，往年百姓挑水的水埠，都显出了它的"古"，却又呈现出它的"今"。

　　沿着小镇窄窄的街道，在两旁小店铺的门面之间穿行，蜿蜒曲折的路程有三四里。街是顺着河沿的，转弯的地方没有店铺遮着，便看到了小河。这条河叫漕港，连着淀山湖。只要看河里的小船，就可以知道，原来它是一条交通水脉。现在呢，公路发达了，船运便退居二线，却又衍生出了旅游项目。载着游客的小船晃悠悠缓缓行进，笑声、橹声、船夫的讲解声，汇成了一片。河两边的房屋，几乎都开了小店面。随意登上咯吱咯吱

---

① 2012 年 5 月 30 日《文汇报》第 13 版。

响的木楼梯，是一座临河的小茶楼，坐在里边泡一杯茶，可以看河水的流淌，观河中游船的缓行。而对岸便是背河的一面，住家的后门直通到河沿，洗菜淘米洗衣裳，都在这里完成。低低的老房子，破旧的石板桥，从茶馆中飘落下来的丝竹声声，都让人仿佛一下子回到了过去，回到了久远之前。小店中摆满的稻草扎肉和粽子、青豆、菜干，还有在油中吱吱煎着的臭豆腐，飘出江南小镇特有的混杂味儿。这里没有高楼大厦，没有车声和扬起的灰尘，似乎离现代很远，却又分明就处在现代的时空中。

朱家角的景致极好，也非常丰富，代表景点有：

一桥：石拱放生桥，也是江南地区最大的五孔大石桥，气势磅礴。

一街：第一明清街北大街，久经沧桑，保存得原汁原味，那"一线天"的独特构筑，令人赞叹。北大街有"长街三里，店铺千家"之称，老式店铺招牌林立，大红灯笼高挂，是江南古镇最热闹的古老街道。

一寺：报国寺，是上海玉佛寺下院，寺内有缅甸白玉雕成的释迦牟尼玉佛、新加坡赠送的第一尊白玉观音及千年古银杏，称为报国寺"三宝"。

一庙：城隍庙，已有二百多年历史的城隍庙，青瓦黄墙，飞龙翘角，吉祥葫芦，花格落地长窗，呈现古意盎然、香烟袅绕、肃穆壮丽的景象。

一厅：席氏厅堂，集江南豪门建筑之大成，特别是"墙门砖雕"堪称一绝，其图案之优美，雕花之精细，技法之高超，让人叹为观止。

一馆：王昶纪念馆，展出清代乾隆十九年进士、刑部右侍郎、"吴中七子"之一王昶的蜡人蜡像、诗歌字画、碑刻，还有织布机、老式床等近百件实物展品。

二园：课植园和珠溪园，一个古老，一个现代；一个庞大，一个精巧，相映成趣。

三湾：三阳湾、轿子湾、弥陀湾。人行街上，前后左右都是房子，以为到了路尽头，等到了直角拐弯处，却猛然见一街市面出现在眼前，这种老街上的奇特景观，是其他古镇难得一见的。

二十六弄：朱家角的古弄何止二十六条，每街每路都有弄，路通街、街通弄、弄通弄，形成棋盘网络式格局，朱家角的古弄幽巷又以多、古、奇、

深，名闻遐迩，这是江南其他古镇完全不能相比的。

如此看来，进入朱家角这古镇，细细品来，真有许多独特景观。

只是，我们对此都没有太在意，只是在北大街上穿梭，径直向城隍庙行进。但是就算再急着赶路，也无法对街上的景象和诱人的美味视而不见，所以走走停停。而且由于人流量非常大，在熙熙攘攘的人群中挤来挤去，委实不轻松。过了桥，到对岸，看一看店铺中的风物，与古桥合个影，不知不觉间又从另一座桥走回到原来的这一边，似乎是在时空中穿行。也不知转过了多少次，街道快要走到头了，忽然又是一座石桥出现在眼前，桥面高高地拱起，那对岸，似乎有一堵墙。墙后隐隐约约有飞檐挑出，那是什么建筑？莫非就是我们要找的城隍庙吗？加快脚步走上桥去，登高一望，原来对岸桥堍旁是一座不太大的照壁，照壁后面果然是一座庙宇，露出带有飞檐的屋顶。直到过了照壁，方能看清大门和门前的石狮子，那大门高悬的匾额上正写着"城隍庙"三个大字。我们的目的地到了！

◎ 城隍庙大门

抬头看看门额上的题字，又收拢眼光，细观庙门前两尊石狮子。它们在这儿站岗也不知有多少时日了。因为它们的头，它们的爪，还有母狮拥抱在脚下的小狮子，都被游人摸得发亮。后来才知道，它们实际上是城隍庙的旧物。抚摸了一番石狮子，回过头来看刚才走过的桥，桥堍上那一座照壁，隔断了街上的喧嚣，让人一下子进入另一种神圣的境域。

城隍庙所在的这个地方，是朱家角的一角，名叫祥凝浜。本来在镇的西侧，现今随着古镇的发展，已经处于镇中心。

◎ 石狮子（雄）　　　　　　　　◎ 石狮子（雌）

古镇的守护者，人神沟通的场所

城隍神是古镇的守护者，而他的庙，正是一个人神沟通的场所。人们相信城隍老爷尽心尽力地保佑着古镇，保佑着进入庙中的香客，那么自然而然，入庙以后必须表现得十分虔诚，内心的愿望都可对着神灵倾诉、祷告。

迈步进入城隍庙内，过了门楼，便是一个大天井，天井后边，则是一座雕梁画栋的戏台，戏台下有一个拱门，穿过拱门，才算是正式进入了庙里。戏台正对面，便是全庙的重心——城隍大殿。大殿门额上悬着一块大匾，上书"福佑显灵伯"五个遒劲的大字，香客说：这是乾隆皇帝特意写了赐给城隍庙的。至于是不是真的御笔，恐怕要考证一番。大殿两侧，分别建了一排两层楼的偏殿，这几座建筑围着一个四方的广场。广场地面是用青石砌的，平整，很显古朴。

广场上的香炉和来烧香的善男信女们，显示出这是一个信仰的寄托之所，是一个神圣的空间。这让我们一下子想起前面提到过的吴文英的词："算鲛宫、只隔一红尘，无路通。"梦窗的惆怅，在这里得到了化解：这里不正是人神沟通的坦途吗？

人们心目中的神灵，常要在一个特定的区域驻足、立庙，就是营造一个神仙的住宅，让神明接受信众的膜拜、祈祷，直接面对民众，以示知其疾苦，通其情感。信众来到这里，带着各种各样的疑虑，也怀着各种各样美好的憧憬。他们会向神明倾诉，向神明祈求，也会向神明忏悔做错了的事、走错了的路。不论哪个时代，似乎都一样。现代社会中，人们同样有着烦恼，怀着对命运、对机遇难以预测的惆怅甚至是恐惧。所以呀，来烧香的，来还愿的，来禳解的，总是络绎不绝。城隍神是离百姓最近的神灵，城隍庙当然也是人们寻访最多的地方了。

朱家角城隍庙

◎ 烧香的信众

穿过广场，进入大殿，城隍的坐像赫然在中央。据说，这位城隍老爷是明朝崇祯年间的四川布政使沈恩。城隍老爷和他的夫人一起端坐在神龛中。两旁还有其他的一些神灵，有施太公、土地爷，我们没有一一细看，只是觉着大殿里边香火更旺，神前跪拜祈求的人也甚多。大概信众进庙主要的目的，就是直接向城隍老爷倾诉自己的苦闷、希望与祈求。而曾经来过愿望又实现的，便是来倾诉自己的喜悦吧。

穿过大殿，一棵大银杏树耸立在庭院中。那树可数人合抱，是数百年的古物了。它枝叶扶疏，在微风中轻轻摇曳，沙沙作响，似乎在倾诉些什么。银

◎ 城隍庙大殿后的老银杏

杏树后是一堵围墙，墙里边是一个小院子。院子已经近乎荒废，只有院墙上破损的砖雕俯瞰着院中的荒草。残余的砖雕，还能显露出当年的精致与华丽。

从小院出来，走进城隍庙的接待室，第一眼看到的就是挂在墙上的大照片，那正是江泽民同志当年来参观时留下的照片。我们找到当时陪同领导们参观的成笃生道长。请他讲一讲城隍庙的历史和现状。

据成道长说，这座城隍庙是青浦县城隍的行祠。城隍神的正庙在青浦县（今上海市青浦区）城中，是当地百姓

◎ 砖雕

创建、供奉城隍神主之处。青浦人信城隍神，除了到县城上香，也多建行祠，希望他多来本乡本村住住，所以青浦一地的城隍庙特别多。朱家角的城隍行祠，本来设在镇南的雪葭浜，乾隆二十八年（1763年）才迁到现在这个位置。据说迁建的主要发起人是徽州商人程履吉，当时多亏他捐银千两，迁建才得以大功告成。

城隍庙迁到祥凝浜，至今已过去了二百多年。经过多年的修建、扩展，形成了一个景点众多的建筑群。旧时，左边有寅清堂、玉照廊、月香室、照春台，右边有凝和书屋、荷净山房、潭影阁、可娱斋、挹秀轩、含清榭等。凝和书屋为当时里中文人文会之处；潭影阁前有荷花池，池畔垒石，含清榭边有小溪，上架小石桥，池内蓄养金鱼数百条，周围环植芙蓉、杨柳、桃李等。这些亭台楼阁、假山水池，时人统称为"城隍庙十二胜景"。现今只剩下以城隍殿为中心的主体建筑了。在庙的后面和两侧，现在多建有民房，早已看不出朱家角人津津乐道的那些美景，现今的人们也无法想象原来城隍庙占地面积的宽广。要知道，十二景之一，20世纪50年代时曾改建为一所小学，而且是规制完整的小学，有教学楼、操场，现在这所小学也

不在了，但人们对于一所完整小学的最小占地面积多少还有点概念，那么十二景加在一起有多大，也就能有一个大概的印象。

朱家角城隍庙曾一度被损毁和占作他用，而后过了很多年，经过很多人的共同努力才修复开放，但早已非盛时之景。今天看到的建筑，一部分是修旧换新的，而庙中的城隍等神像，有的是重新塑造，有的是在外面做好后迎请进来的。

是的，城隍庙与祖国一样历尽了沧桑。要想更多地了解它，必须穿越时空，走进它的历史深处。

庙门为何朝东开

参观完朱家角城隍庙，出门时，我突然想起一个问题，忙回头去问成道长：从太阳的照耀方位看，这座庙的庙门似乎不是朝南开的。如果门朝南，那下午的太阳就应当偏向西即庙门右侧的方向，然而现在我们却发现，太阳转到了正后面偏左的位置，岂不是太阳回到了北偏东的方向？旭日才会东升，现在下午的太阳怎么去了东边呢？道长笑着说："城隍庙的庙门是朝东的！你看到的太阳，实际上是在西北的方向，下半年了，太阳偏北，落日的方向是偏西北。弄错的原因，是惯性思维，将庙门的方向（东向）当成南向了。"这一下点明了问题的症结，消除了我心中的疑惑。可是，却又引出了一个更大的疑惑：为什么朱家角城隍庙的大门不是朝南，而是朝东开呢？

俗话说：庙门朝南开。一般人家造房子都尽量面向阳光，所以多朝南，但却不是正南，而是以南偏东为迎宾方向。只有皇帝的金銮殿是朝向正南的，而神庙的庙门也可以朝正南。朝向南面，是开庙门的常态。那么，朱家角城隍庙的大门为什么反而朝东开呢？这种一反常规的做法，引起了我们的兴趣。

为了解答我的疑问，道长先给我们讲了一段民间传说：

清朝雍正年间，朱家角雪葭浜王圩村有一户王姓人家，儿子王昶才八岁，每天都要到镇上的私塾读书，又时常背了母亲织的布到市面上叫卖。每次经过城隍庙时，城隍老爷都要离座而起，人们这才知道这小孩是天上星宿下凡，连城隍老爷都要起身迎他，将来他一定会官高爵显。有一次，城隍老爷坐大轿出外观游，路经漕港台河畔一座破败的大厅时，天上下起了大雨，老爷只好进破厅避雨。等到雨过天晴，轿夫想抬起老爷的轿子，

却怎么也抬不动了。大家认为，城隍老爷一定是不想走了，要在这里另起新庙住下来。于是一起凑足钱款，准备动工。动工前，照例要请风水先生来看。先生一看便说：这庙门不能朝南开。因为朝南正对着王家，那小王昶却不是一般人物。大家听从了风水先生的建议，将庙门朝向了东面，避开了王昶家的大门。这样，城隍老爷也便一改坐北朝南的习惯，坐西朝东了。后来呢，王昶果然中了头名状元，为刑部右侍郎。原来，朱家角城隍庙的门朝南开，是为了避免与状元王昶的门对冲啊！

　　道长讲完了这个故事，又谈了自己的看法：传说恐怕靠不住，庙门之所以朝东开，也许是与"紫气东来"的典故有关。当年老子出函谷关，关令尹喜善于望气，见到东面有紫气浮动，立即明白将有贵人过关，于是站在函谷关门口迎候，终于等来了老子，并请他留下了《道德经》，这就是"紫气东来"的典故。道门以老子为教主，尊其为太上老君，因此庙门朝东开。

　　说完，他又问我：你赞成哪一种说法呢？

　　我只是笑笑，没有回答，心里却另有看法。老百姓一般不知官场的等级，以为状元就是登峰造极了。其实，状元只是这一次科举考试中的头名，尽管他是皇上钦点，天子门生，荣耀无双。在正常的情况下，科举考试三年大比一次，也就是说，每隔三年就会出一名状元。然而，状元与官的品级并不完全匹配。状元郎最初都是在翰林院任职，品级并不高。就拿王昶来说，他最后也只是升到刑部右侍郎。而这位城隍老爷沈恩生前的最高官位，是明朝崇祯年间的四川布政使，从二品官。按明制，刑部右侍郎为正三品，还比布政使低了半级。当然，王昶是清朝人，明清官制差不多，但品级未必一致，二者没有绝对的可比性。但不管怎么样，城隍老爷生前的官位与王昶的官位差不多是平级，没有必要恭恭敬敬地避让他。但是，到底城隍庙的大门为什么朝东开，我也实在想不出一个更恰当的理由，还是留下了一个悬念。

　　出了庙门，道长引我们上游艇。游艇码头就在庙门前的河边。从大门出来，横过马路，便可逐级而下，直抵船上。我们上了船，船晃悠悠地往前开。游艇走的路线，正与我们来时的方向相反。刚才我们沿着北大街走，在河的东侧，河的走向是南北向。现在坐在船上往北走，一路行来，刚才曾看到的景致和没有注意到的景致，一一迎候着我们。艄公偶尔也会介绍上一两句，大家都兴味盎然，一时忘记了景色之外的事。船行约二里，眼前豁然开朗，只见一条更大的河与我们坐船来的河形成河汊，一问才知，那河正通向淀山湖。而无论大河还是小河，实际上都有许多的支流，朱家角河流真是四通八达。城隍庙的大门前便是河，当年水上交通发达便利，烧香拜神的民众常常摇着船儿来，在庙门前不远处的码头上岸，走上数步便进了庙门。从庙里出去，上了船，摇到大河，张上帆，便可驶往四面八方。

这一看，一想，恍然大悟：河是朱家角的血脉。城隍庙的大门朝东，也就意味着与古镇的血脉完全贯通，也与四乡民众的生活直接相通。庙门朝东，是因其地理形势，乘其地利之便！也许庙门朝东开的奥秘就在这里。

行到河流交叉处，我突然在心里冒出了这些想法。对不对，不敢肯定，所以也只是在心里想想，终究还是没有说出来。

《论语》中有一句话，"子入太庙，每事问"，还是学学孔夫子，到了一地一景，先多问问吧。只是数百年前的旧事，又该向谁打听呢？

庙中最老的，要数那株树影婆娑的老银杏了，若能与它对话，兴许能问到数百年前的事。于是，我便向着它走去。

老银杏的诉说

我是谁,这还用问吗?我站在这庙里已经好久好久了。如果你想问我,这些年在这里看到、听到了什么,那倒可以帮帮你的忙。

每天风吹树叶索索作响,那就是我的诉说。只是如今上了年岁,声音有点儿哑,不像三百年前那么清脆了。你问等冬天落了叶,我要怎么说话?那就听风吹过树枝时发出的溜溜声呀!这不就是你们的老祖宗南华真人庄子说的天籁和地籁吗?我呢,一到秋天就喜欢说点什么,有心借着地籁,讲一讲天籁是怎么回事,可是说了恐怕你们也很难听懂,幸好在这里站得久了,还颇学会了几句人话,那就用你们能听懂的话来聊聊天吧。

上海人管聊聊天叫"嘎三胡"?为啥叫"嘎三胡"呢?我老人家,不,老树家,说给你们听。胡琴大家见得多了,有京胡、二胡、板胡,却没有人见过三胡,那么拉一通没见过的想象中的三胡,随便用些没有定格的音调,就叫"嘎三胡"。噢,那个"嘎"字,其实不大对,应该写成"锯",上海人读成"嘎",拉胡琴用琴弓像锯子一样反复地拉,就叫"嘎"。嘎三胡,没有规定什么音调、内容,随随便便,海阔天空,所以聊天就叫"嘎三胡"了。哎呀,我说到哪儿了?跑题了,不过呢,不要太严肃,就算大家在一起嘎嘎三胡。

你问我,在这儿多少年了,那我得想一想。记得刚来时我还没有结过果呢,现在,似乎已经结了三百五十年的果。我们这个家族人称公孙树,爷爷种下树,到孙子才能吃上果子。要这么推算,我在这庙里少说也过了四百年。所以到这儿来的人,都称我"老银杏"。

其实我才刚到壮年,离老还远着呢!我这树上年年结果,果子有时在这几枝上结,过几年又在那几枝上结。平时你在树下抬头看我,也许只有半树果,附近呢,又没有看到有大的雄树。所以有的人说,我是雌雄同株的怪树。其实他们是没有年年来看,要是年年来,就不会有这个误会了。况且,我们银杏树靠风吹授粉,就算雌雄相隔三四里路,也没有障碍。唉,不管这些,活多少年,结多少果,是不是雌雄同株,都没有什么关系。我们呀,就不像人那样老在想还能活几岁、别人对我怎么评价。所以,人都活不到我们的寿限,因为想太多了呗。

你要我说说这里发生的故事,那可多了去了,只是我们这家族里的都不喜欢记事,四百年来发生的事太多,早已是过眼烟云,消散了就留不下多少痕迹。只有几件事印象特别深,想抹也抹不去,跟你说说,算是解个闷罢。

朱家角城隍庙

为威总兵的行辕站岗

我站的这个地方，原来是一座大房子的大门口。那座大房子也不知是派什么用场的，反正相当气派。过了几十年，在我的前面又造了一片房子，同样不知道是派什么用场的。只是听来的人说，前面的房子造得同样气派，大厅宽敞，足可以坐上十几席人。看过去，除了紧贴我脚下的大厅，两侧还有些房子，一直快要延到河边上。只是，那门开得有些奇怪，是朝南开的，从北厢房这里出去，出了门，路右侧就是河浜。有时，会听到大厅中传出嬉笑声，有时又会传出怒冲冲的争辩和呵斥。

这一天，忽然听到远处传来马蹄声。这儿是水乡，人们出门走几步就上船，耕地拉犁通常用老牛，马倒是少见，只有官府公差才会骑快马。声音越来越近，直到前面大房子的门口，只见有几个人从马背上下来。他们穿的衣服有些怪异，不是平时公差的打扮，倒有点像社火经过时看到过的抬阁上的将军。他们头戴盔，上身披甲，胸口正中有面镜子，听说叫护心镜，锃亮发光。过了一会儿，又来一匹马，从上面下来的人却比前面那几位斯文，像是抬阁上的文官老爷。先来的那几位对他稍有些恭敬，称他为"师爷"。他们走进大门，穿过厅前的院子朝里走，大约走进了大厅吧，我这里看不到了。只听见他们在说话，一个粗嗓门的人说："我看这里不错，够宽敞，总兵的行辕，有那么大也就差不多了。"另一个嗓门小点的却说："大小是差不多，但这房子也忒旧了，你们看，这墙壁都发黑了。"这位的声音有点嘶哑，也许是受了风寒，也许嗓音就是这样。后来他们似乎都压低了声音，说来说去，就是听不清。过了好一阵子，最后几位几乎是不约而同地说："那就请师爷拿个主意吧！您老见多识广，跟随总兵的日子又比我们久，知道总兵的脾气。"只听得那位被叫作师爷的人说："总兵日理万

机，但坐衙的日子其实很少，对什么派头之类的向来不计较，对行辕更不会太挑剔。再说行辕也不是天天要用，这个大小足够了。""好，那就定下来。"第一个说话的大嗓门又响了起来。"不过，"似乎是刚才那位师爷的声音，他说话有些慢腾腾的，但每个字都十分清晰，"总兵喜欢清洁，哪怕才上过战场，一下来，就要擦洗一番。他又爱读书，读书时谁要打扰他，可要发脾气。这屋子太脏，要弄点石灰水刷一下，弄弄白。"他好像沉吟了一下，又开口说："正厅做行辕升堂办事的地方，边屋除了总兵安寝的那间，再收拾一间做书房。下人们可以住到银杏树后的房子里，不许嘈杂，没有命令不许到前面来。我和各位都住到总兵书房对面，可以随时听他召唤。"其他几位都没吭声，好像都同意了师爷的话，也许师爷比他们位高，人间官大一级压死人，官大的已经发了话，所以他们也就没有再议论。

  我不明白他们说的"总兵"是谁，也不知道"行辕"是什么意思。正思量着，忽然又急匆匆地来了一帮人，跑在前面的几位以前见他们来过，好像都是地方上的体面人。他们进了大门，便齐刷刷地半跪在地，口称："见过各位上差！"厅中的人才走出来，对后来的各位拱拱手，师爷一字一板地说："办事要紧，不用那么多礼数。你们几位乡绅，叫几个泥水匠，将这几间屋子收拾一下。"说着，又传来几声锣响，"哐哐"两声，又有几声威严的喊声，只是听不太清楚。只见一队人拥着一座大轿，快步走过来，那"哐哐"的锣声就是走在前面那几个敲出来的。敲锣的后面跟着的几位举着大牌子，写着"肃静""回避"。走到大门外的河边上，这一队人停了下来，有人上去掀起轿帘，从轿中走出一位头戴乌纱帽、身穿青色袍子的人，那袍子的胸口上有一大块彩色的图案。远远一看，我就将他认出来了：这位可是青浦的县太爷，前两年，因为一个什么案子曾来过一趟，当时镇上的士绅马上迎迓，陪着他直走进前面的大厅。后来，我才知道，这位可是这里的最高长官，胸口的那图案叫补子，是标示他的官阶的。唉，你们人间就喜欢弄这一套，照我看着，不过就是花花绿绿的一块布嘛，有什么稀奇！像我们树族，从来不穿衣，更不用说在上面弄出什么名堂了。和上

次来时不一样，这位县太爷没等到轿子到门口就下来了，而且快步走进来，与师爷等人行礼寒暄起来。县官先开口："昨天才接到苏州府的公文，今天又接到浙江嘉兴府的知会，说戚总兵要在青浦设一座行辕，由张师爷和二位军爷负责前站。且总兵要求地址选在淀山湖畔的朱家角。这才赶忙上路，还是慢了一步，抱歉抱歉。这些天传言倭寇会犯江苏，上海县、崇明县、启东县都是他们图谋流窜之区，浏河口又是出海大船等待扬帆的良港，若是倭寇窜犯，进太仓，逼苏州，都极容易。青浦与它们相邻，下官不得不抓紧组织团练防范，事务繁多，来迟之罪，还请诸位原谅。"师爷还是慢腾腾地说："老公祖不必自责，大家都为皇上效力，多事之秋，不能按部就班，在所难免。倒是我们一行没有先来见过县令大人就跑到朱家角，还望海涵。"他们相互又是作揖又是谦让，说的话有些酸。

接着他们又在商量着什么，声音轻了，听不清楚。一阵商议之后，前面来的戴着头盔的二位军爷，有一位跑到院子大门外张望一阵，又往里看了一会儿，然后说道："这门儿也还宽，辕门就用它改一下吧。就是上面没有顶盖，要加个檐顶，好让守卫军士躲避太阳、遮遮雨。门边上放的杂物一概搬掉，总兵有时着急会放马一直跑到里边来，让开路。平常来往的马匹可不敢往里闯，门前又临河，还是往西挪几步再立拴马桩。"他一边说，一边比画着，一行人也就跟着往外走。

听他们说，那位戚总兵过两天就到。可是，过了两天，又过了两天，他还是没有来。本来这事与我没关系，但是老等不来，倒是勾起了我的好奇心，于是向周围的亲友打听有没有什么新消息。你问怎么打听吗？嗨嗨，我们树有树的办法，就像你们人有自己的话一样，我们也有自己的话，而且呀，还不用面对面，就可以将消息传递出去。也不想想，我们是雌雄异株，大家都靠花粉传宗接代，只要四里范围之内有雌雄两棵树，就能把花粉传到，何况传点消息呢？

这一打听不要紧，让我大吃一惊。原来，他们嘴里说的倭寇来犯，是一批海上来的强盗。他们是些扶桑国来的人，那国，大汉时曾经向中国称臣的，号为"倭奴国"，听老前辈说，大汉的皇帝还给他们的国王赐过一颗金印，叫"汉委①奴国王"金印。唐朝时那一国的人经常来中国，文字也是从中国学去的，用中国文字的偏旁做记号，叫什么"假名"。不知道在什么时候，他们与大明的关系变得恶劣了。沿着东海出现了许多来自那一国的坏人，专门上岸烧杀掳掠，被称为"倭寇"。凡他们上岸，老百姓必定遭殃，因为他们都带着长刀，有时还有火炮，打下一个城池，第一件事就是抢东西，不给就杀，杀光了人再烧。我们家族向来兴旺，也长寿，活个千把岁根本不稀奇。就是闹虫灾，轻易也奈何不了我们。但是火烧到身上可就不一样了。我的一个远房叔祖，在宁波那边一座寺院的前面站了一千多年了，可就是被倭寇烧寺院时烤死了，同时被害死的还有许多同类，以及其他树朋友，真是让我银杏伤心又气愤。而更伤心的当然是人类了，遭受倭寇荼毒的不知道有多少人。因为人手上有财物，他们要抢的正是金银财宝，还有就是布匹呀，五谷呀，绫罗绸缎呀，都是人类当成生命一样重视的东西。

那批倭寇也实在厉害，杀人不眨眼，武功也很了得。最要命的是，他们其实不是倭国的军队和平常百姓，而是浪人——亲戚告诉我，浪人就是不事营生专门靠偷盗、敲竹杠为生的人，有如中国人讲的"地痞""流氓"。他们来到海上做些没本钱的买卖，后来又结识了些中国的海盗，这下子简直如虎添翼，中国海盗对沿海的地势十分清楚，混在老百姓中打探个什么军情太容易了。所以呀，虽说是倭寇，却有汉奸帮着，成群结队打进沿海陆地，官军也奈何他们不得。浙江宁波、温州、台州，尤其深受其害。这些坏蛋千百成伙，势力大时能

◎ 戚继光像

① "委"通"倭"。

达到一股几千人，所以许多座大城池都被他们攻破。幸好朝廷提拔了戚总兵等能征善战的将军前去征讨，才让倭寇的气焰稍消。

说到这位戚总兵，是难得的奇人，文韬武略都十分了得。他不但武艺出众、勇气过人，而且打起仗来还非常懂得谋划，也懂怎么训练将士，号令严明。据说他曾看到多年没有打过仗的官兵因疏于训练而畏缩不前，遇到倭寇只有逃跑的份儿，就专门跑到民风强悍勇猛的金华、义乌一带招募了三千子弟兵，亲加训练。这些兵多是矿工出身，吃得苦，耐得劳，长枪短刀火器弓弩配备又好，一上阵就杀得倭寇上天无路入地无门，让倭寇闻风丧胆。他的那支军队，被称为"戚家军"。这位戚总兵实在是大明的第一大将。这次他决定在青浦建立行辕，就是因为有探子探清楚了，在浙江大败的倭寇想转向进攻稍北的江苏，戚总兵有意经营北边战事，才在这地方设一个临时的指挥所。然而就在他从宁波动身北上时，却又接报倭寇再犯浙江，所以又急急赶回指挥作战，到达的时间就推迟了。

传来的信息如此惊人，倒是激起我对这位戚大帅的几分敬仰、几分好奇。毕竟，他杀退倭寇，也是为我们树族报了仇。所以，对他的到来，素来事不关己高高挂起的我，也有了些许期待。

这一天，三声炮响把我从睡梦中惊醒，急忙睁开眼张望，在院子大门口，就是他们称之为"辕门"的地方，还有些火药味传过来，那三炮是朝天放的，所以那烟气升得很高，飘飘荡荡汇进了云彩。一看太阳，已经偏过中天几度，应当是午时与未时之交。接着是一片锣鼓喧天，从河对岸走出两队兵士，分列在路旁，一律手持红缨枪，笔挺地站着，动也不动。马蹄声由远而近传来，蹄声很大，好像有许多马在跑。奇怪的是，向来群马奔驰声音都很杂乱，今天的蹄声却很整齐，虽然响声轰然，却像是一匹马在跑似的。一队马由远而近地来了，马上的人也看清了：前面的几位，与上次来的时候差不多，只是骑在马上，身体特别挺拔，好像是对对成双的，一共有四对。然后又有一位，骑马跑在路中心，那马上的人，中等个子，头戴盔，身披甲，头顶的盔上有一缕红缨，身上的甲好像是漆黑油亮的，在阳光下时不时闪着光。黑甲外边披了一件斗篷，是红的，耀眼的红，随着马往前跑，红斗篷向后边飘着，那威仪，真是没得说。他身佩的腰刀也与众不同，手柄上裹着的皮革磨得发亮，那肯定是天天使用才弄成的。刀鞘比平常的宽，意味着刀也比寻常的要大一号。在他后边还有几队骑手，手擎着长枪、朴刀之类。马蹄声清脆整齐，一队人来到门前，纷纷下马，前面四个骑手挎着腰刀，手搭在腰刀柄上，分两行站在门内，后边的骑手则都在门外分行站立。只有中间那位直朝里走。这时，厢房两边同时走出几个人来，离中间那位还有三四步，齐齐地半跪下来，口中唱道："参见总兵！征途劳累，请大人先行休息！"真是奇怪，刚才只顾着看远处，倒没想到，院子里还有人早早在这儿等着，眼睛没注意，耳朵应当听得见呀，我们银杏树的耳朵向来是不错的。一定是因为他们屏声静气，没有一点响动，直到他们说话，我才注意到他们的存在。啊呀，这中间的骑手好厉害，莫非他就是风传的戚总兵？对了，刚才他们不是说"参见总兵"吗？一定是他，一定是他！可是此人中等身材，远不是我想象中的能征善战、惯于攻城略地、使倭寇闻风丧胆的大将军。画上那些大将军，个个都是金刚怒目，挺胸凸肚，拳头比钵大，手上拿的大刀都发着寒光，好不威风。而这一位倒是平平常常，只是穿的衣服与其他人有点儿不同罢了。这么一想，我有点失望。

只听那位总兵开口说话："军中不必多礼，从嘉兴起程到这里不过百里，不用休息，且升帐议事！"他的话音不高，但却有一种不容争辩的威严。

"升帐！"不知是谁传达了总兵的命令，辕门外又是三声炮响。接着几个人雁行而进，分别向总兵报告着什么，总兵一一处分。只是有些事我听着没头没脑，弄不懂，也就记不下，唯有一件事我弄懂了。有人骑着马从外边急奔而来，直到大门口才勒紧马缰，从马背上跳下来，直往里跑，口里还叫着："紧急塘报！"那马也嘶叫一声，人声马鸣，打破了行辕中肃静的气氛。谁那么大胆，敢直闯行辕，怕是要倒霉。谁知前些时候见到的那位师爷迎了出来，非但没有斥责的意思，反而快速接过那骑手手中捧着的什么东西，快步往里走，口称"大人请看"，接着总兵的声音传来："总督俞大猷大人发来塘报，他的船队已经盯牢倭寇，看到他们接近扬子江口，定

是想进入浏河口，进犯太仓一线。之前已与俞大人约定，只要倭寇进入扬子江，我部马上以鸳鸯阵截击，俞大人兵船在扬子江口堵住贼人退路。"总兵似乎沉吟了一下，又问："前部兵马已到了指定之区吗？"那位师爷回话："大人到行辕时，前部已经来报，按大人部署，已进军至嘉定和宝山，扼住咽喉要道。如果倭寇进犯太仓，可以快速前往截击。"原来前面急奔而来的是专报军情的，所以才可以直冲到行辕里边。只听总兵下令："宝山之兵不动，嘉定一部行至太仓浏河中途，看倭寇行止，再作区处。这里离嘉定有几个时辰路程？"一个嘶哑的声音回答："骑兵走三个时辰，大营开拔，走近路，要一整天。"沉吟了一下，总兵又发话："照行程，倭寇会在后天上岸，当早做准备。大营早吃晚餐，子时开拔，急行军至明晨辰时进至嘉定驻扎。"接着听到有人唱喏，又有人急奔出去，骑上马疾驰而去。那肯定是到大营传达将令了。大营？一定驻有许多兵吧，可是怎么静悄悄的，没有一点声息？要知道，寻常来几个衙役都会鸡飞狗跳，乱上好一阵子。这一营的兵有多少？总不会比县里来的公差还要少吧？后来听镇里百姓议论，那一营兵足有三千人，只是戚家军军法森严，进村不准骚扰百姓，驻地不许闲杂人等进出。一入营门就不许随便出入、不许喧哗，岗哨放到营外，严管灯火，所以从外边看不到他们的行动，听上去似乎是静寂一片。这戚家军，厉害呀！

　　这夜，总兵在书房里坐了一会儿，便熄灭灯火。但才过了一个时辰，灯光又亮起，住在行辕中的其他人等也都已起来，站在院子里侍候。快到子时，总兵一行骑马出发，马蹄声消逝在夜色中。那一夜，月亮如钩，只见远处有一队队的人往镇外走去，他们偃旗息鼓，只有整齐的脚步声渐渐远去。说来奇怪，对于人间的事，我们树族向来只是冷眼旁观，不会用心去想为了什么，也不管做事的结果，可这天却有些异样。我这心里老定不下来，老在想戚总兵他们走到哪里了，他们会打赢吗？他还会回来吗？心一有挂念，就睡不着，睁大了眼睛到处望，又不停地放出信息，向嘉定方向的亲友打听。你们人类的一位先辈说，要想睡得好，"先睡心，后睡眼"，真是一点也不错。

在惴惴不安中过了三四天，一天清晨，就听得街上在哄传："戚总兵打胜仗啦！戚家军大获全胜！"还有就是什么商号宣布："今天折价销售，卖得的钱全部犒劳戚家军！"又听得锣鼓喧天，好像是平时只有逢年过节才会上街的社火也出来了。我银杏也一下子受到感染，亢奋起来，好一个戚家军！好一个戚总兵！我们银杏家族的这些仇，终于报啦！又听得谁在叫："戚家军凯旋了！"接着是一片鞭炮声，与欢笑声、锣鼓声，汇聚成冲天的喜气。我这时特别自豪，也有些神气活现起来，毕竟，我站在行辕的后边，看到了总兵，看到了大英雄呢，可了不得！面前的行辕还是那座屋子，却似乎特别的亮堂，特别的宽敞。看着它，有几分亲切，又有几分神奇。

"戚家军进镇了！"那一声喊叫真是直贯云天。放眼望去，前面树一面大旗，上面大书"戚"字，引一队轻骑，簇拥着戚总兵缓缓驰来。再后面才是大队大队的兵士。与那晚急行军时不同，这次阵容齐整，旌旗猎猎，显得特别威武光鲜。奇怪的是，那一队队的兵士手持不同的兵器，十三个各持不同兵器的人成一队，一队队合在一起，组成大队。似乎每小队有个领头的，合在一起又由一个穿着不一般的将爷统领着，走在那队伍的前面。

◎ 戚家军鸳鸯阵示意（局部）

这样的将爷隔一阵过一个，也不知过了几个。人们指点说："这就是鸳鸯阵！"啊？这就是让倭寇闻风丧胆的鸳鸯阵？只不过每一队十三个兵，逢单不逢双，为什么叫"鸳鸯阵"就弄不清了。唉，人间的事，还真难明白。

仍然是几声炮响，总兵进入了行辕，而后边的大队伍则向东转，去了原来的兵营。

这次的见闻太难忘了！而且不知怎么的，对人间事谈不上有什么感情的我，突然在心中升起一股自豪之气！戚总兵的行辕设在这里，我在为它站岗哩！同族的银杏们笑我自作多情：根本没人派你站岗，我们不过是他们为了好看种在这里做点缀的。嗨，你们说你的，我在心里就认为是在为总兵站岗，那股高兴劲儿就甭提了！

看着城隍爷进驻

　　那一天，突然鞭炮齐鸣，庙里人头攒动，闹成一片，听那声音似乎洋溢着喜气。我睡眼惺忪地看到前面的庙堂广场上香烟缭绕，笙歌悠扬，那些香客中既有穿草鞋披短褂的农夫，戴着毡帽的渔民，也有穿戴整齐的士绅，还有一位别人都叫他秀才的，戴着方巾摇着折扇，特别引人注目。那天气似乎有些凉意了，还拿着扇子，真的好奇怪。商号的老板则高擎着大蜡烛和高香，比起农夫渔民要神气多了。

　　这一片热闹的气氛还真的把我的瞌睡给扫干净了。这里已经差不多有一百多年没有这么热闹过了。

　　自从戚大帅调走之后，这儿一时变得冷清起来。听说他抗倭有功，高升到了辽东，出了山海关，处理那里的军事。还是亏得他在我们这一方水土上的历练，特别是他在浙江的金华、义乌一带招募的军队，到了北方，再建奇功。而且，当年秦始皇修的万里长城早已破旧不堪了，戚总兵重修了敌楼、箭垛，使得很长一段老长城焕然一新，武备一下子就提升了许多。他在北方建功立业，有时得到皇上的表彰封赏，也就是升了官，这里的行辕也会热闹一阵，地方的士绅也会聚会庆贺，热闹一下。我有些奇怪：又不是自己升官，庆贺个啥？不过人就是人，树就是树，人间的许多事，是我们树弄不明白的，我也不去多想。只是这样的聚会，几次之后可就消歇了。哪一年消歇的？说不准。反正是戚总兵逝世后不久，这边也就冷落了。房子也越来越旧，有几间甚至摇摇欲坠。

　　但今天又怎么啦，闹嚷嚷为了什么事？是总兵又回来了吗？想一想，不对呀，他不是早已逝世了吗？我连忙打起精神看一看究里。

　　定睛一看，原来这儿的房子已经整修过，粉刷一新，连柱子也用清漆

刷过，飘来一阵阵清漆味，让我的脑子突然清爽起来。原来称为辕门的地方已被封闭，面向东开了个大门。从我这里越过面前的大厅一直望过去，大门之外树了根旗杆，上面飘着面什么旗，没有风展不开，也不知上面的图案是什么。原来的行辕办公厅改成了一座大殿，里面似乎坐着一位神明，只是盖着头，看不清是谁。房子最大的改变，还是原来檐头上的装饰物，变成了一双尾巴上翘的大鲤鱼。以前听老前辈说过，大庙屋檐上的装饰，可有讲究了。大庙如果供奉三清、玉皇、玄天上帝等，可以用龙，但如果只是中低级的神明，那就不能用龙，像城隍庙只能用鲤鱼——还没有跳过龙门的，还是凡间之物，跳过了才会成龙。莫非这大屋子改成了城隍庙？不对呀，这儿又不是青浦县城，哪来的城隍庙？

正在纳闷，听到人们都在说什么"城隍老爷行祠""新城隍庙"之类的，听来听去不明白。于是向同宗兄弟们打听，我们一族，有许多站在各类庙门口的，他们或许会知道些什么。

打听下来，才明白，原来这儿改成了青浦城隍老爷的行祠，平时老爷在青浦县城里办公，享受香火，有时巡视地方，会到这里来小住几天。就像以前这里做戚总兵的行辕，一样的道理。这么说，那大殿里红布盖着的便是青浦县的城隍老爷了。这位老爷，据说是明朝就得了皇帝的褒奖，封为青浦城隍，本来的名字叫沈恩，做过四川那边的什么官，政绩突出，民间的口碑也不错，所以殁后皇帝封他为神，让他管理青浦县的幽冥事务。据说他老人家坐进城隍庙后，青浦是风调雨顺，即使有天灾人祸，邻县闹得不可开交，青浦也能逢凶化吉。最典型的是，明清朝代更替，清兵进入嘉定县，屠城好几次，真是尸横遍野，血流成河，嘉定城中有名的一口大池，叫叶池，塞满了尸体，待清干净了，又来一茬。平常日子，也时有悲苦至极的县人投入叶池之中。与嘉定毗邻的青浦，却没有受此荼毒。老百姓虽难免惶恐不安，却终究幸免于难，大家传说是城隍老爷显灵，保佑一县百姓免遭涂炭。于是一旦生活平静，人们就争相进庙烧香祭拜。同时，青浦各镇各乡的民众又希望城隍老爷能常来自己的家乡，所以有好几个地方都造了城隍爷的行祠，也就是各地的城隍庙。朱家角的城隍庙，就是青

◎ 城隍庙匾额

浦县城隍庙的分灵。

　　只见几位道士鱼贯走进大殿，听人说，他们是来"开光"的。什么叫"开光"？倒是听我同族说过。凡是庙堂新塑了神像，都是泥塑木雕，也有精致的铜像，还有玉雕的。这些像虽然代表神灵，但毕竟是用凡间之物做成的。要让它通灵，就必须有法师来作法，让自然之光、神圣之光照进神像，这就叫"开光"。最重要的是让神灵的眼睛"睁开"，这一环节叫"点睛"。开过光，神像就成了真的神灵。

　　当太阳升到晾衣竿那么高时，一位道士拿着个阳燧放在院子里，手拿一束纸折，放到阳燧中。你问阳燧是什么？噢，也难怪，现今向着阳光取火，都用放大镜，是玻璃做的。可古时候还没有玻璃这玩意儿。中国人自古用的取火物是阳燧。那是个像杯盏一样的东西，多半是用铜做成的。太阳光一照到里边，就聚在某点上发热，再放进布头、木屑、纸张一类易燃

的东西,就会烧起来。你说,点火有很多办法,例如敲燧石就是百姓常用的,况且,一般人家在灶中都留有余火,用灰盖着,推开灰,一吹就复燃,为什么要用阳燧那么麻烦?我告诉你,灶火、燧石取的火,都是凡火,阳燧取的是太阳之光,为天火。开光大典,法坛之上,岂能用凡火?

一会儿,那道士拿着用阳燧点燃的折纸,将火引到蜡烛上,又用蜡烛引燃一根根线香。取火的仪式就算完成了。接着音乐奏起,道士们也开始吟唱起来。他们唱些什么,我可不大懂,只是觉得那音乐很可一听,不那么聒噪,声声轻吟短叹,时而像风拂嫩黄的柳梢,时而又像雨打翠绿的荷叶,时而如红艳的枫叶飘落,时而又像洁白的雪花洒地,过一会儿,又像是小草出土,稻苗拔节,麦浪翻腾,树枝折断。这大概就是南华真人庄子讲的"人籁"吧?接着他们又做了些什么,我也没有兴趣去看。最后的环节,是"点睛",法师用一支笔蘸上朱砂,对着老爷塑像的眼睛点了一下,顿时,那神像仿佛放出光芒,直冲云霄。老爷像有了灵性,开光成功了!那挤满一殿的人,应当是善男信女吧,口称"道炁长存",一时欢快起来。看他们跑来跑去的,不知忙些什么,不过手上都拿着个袋子。有人从袋里一件件拿出几样东西:一面镜子,像是铜的,但我看似乎不大有光,想是还没有磨过,一磨就会放光;一支笔,也没有用过,大概是比照着点睛用的那支笔吧;一条手巾,白白的,据他们自己说,是给老爷擦脸的。还有些糕点之类,应当是朱家角的土产,好像是芡实糕,块大一点,或者是松糕吧,我说不准。反正当大家笑逐颜开地呼喊"大吉大利"时,开光仪式就圆满结束了。

可新城隍庙里熙熙攘攘的人群并没有离开,原来下面还有一件大事:首次祭城隍。

似乎是道士中有谁说了句什么,大家便各自寻找好位置,排起队来。两队各聚起五六十号人,都面对着城隍老爷,站在大殿前面。与排好的队相隔三四步,又有一大群人,散乱地挤站在一块儿,他们都是寻常百姓,只是看个热闹,也想沾点仙气。

前面似乎有个人在指挥,人们一下子都安静下来。然后奏乐,有几个人从大戏台那边走了进来，踱着方步穿过两班人中间的夹道。前面走着个道士，戴纯阳冠——这帽子他们叫"冠"，式样怪怪的，好像顶着一个屋顶，手上拿了个香炉，道士们管这种香炉叫"手炉"。手炉引路，后面跟着几个绅士模样的人，一式地拖着根大辫子，长袍，头顶瓜皮帽。中间那位戴着圆圆的帽子，上面还缀了红缨，穿的袍子也有些异样，胸口好像也有一块图案——看到这景象，我才突然想起，人间已换过朝廷，大明灭了，代替它的是大清，雉了发，留辫子，官服的样子与大明也不一样了。这位戴着官帽的绅士，其实是前任的什么县令，去年才回到老家，今年初，有谁闹矛盾，他还出面调解来着，就在前面的大厅，那时大家都叫他张老爷。

走在前面的道士先向城隍像行了个半跪礼，站起来弓着身子说："道末青浦县道会，特为朱家角城隍显威伯首祭主礼，特先参见过城隍县主阁下。"然后，听到前面的那位指挥大声喊道："恭请青浦县道会司祭。"便听那位自称道会的，上前主持典礼。先是那位戴官帽的老爷上前去上香，接着是那几位乡绅上香，再接着是排队的两班人上去上香，光上香就半个时辰。然后是读祭文，"维大清乾隆……朱家角镇士绅致祭乎城隍显威伯座前"云云，后边就咿咿呀呀的，也不知在读些什么，只有几句似乎是请老爷保佑风调雨顺之类，我还懂得点意思。最后突然听到"以上致祭，礼已周完，至诚之祈，惟神格之。伏惟尚飨"，前面的士绅人等鱼贯退出，后边站着的百姓便一拥而入，上香的上香，磕头的磕头。

那一天，进庙的香客一直络绎不绝，直到关门。

朱家角城隍庙

最风光的日子，最沉寂的岁月

　　平安无事，时间就过得快。从上次城隍庙开光以后，年年都有人来祭城隍，说是"赕老爷"。这赕老爷是什么意思？听人说，就是款待城隍老爷的意思。只有一个秀才说，"赕"是上供，是布施，原本是佛教的说法，是什么梵文的汉译。不过，文绉绉的话大家还是不大懂，我就更不明白了。反正就那么个意思。到了时间，镇上人会集体到庙里祭城隍，一年只有一次；平日里老百姓自己来给老爷上供，经常会有。看得多了，我银杏也觉得每次都差不多，没有什么好玩的。平淡得像下雨时滴下的檐头水。慢慢地，我也常常一梦到华胥。人间的事儿，不归我管，也懒得管。

　　可是这一天，突然传来几声震天的巨响，把我从华胥梦中惊醒。好家伙，我银杏还从来没有听到过这样的巨响，就是打雷也没有这么可怕！不知道是什么东西那么厉害。之后，似乎有什么轰轰的声音在响，只是越来越远去了，剩下一片空寂。人们似乎被吓呆了，只有淡淡的硫黄味儿飘散开来，这味儿我熟，来庙里烧香的人放的鞭炮就有这样的味儿。然而放鞭炮带着喜气，这会儿的响声却带着煞气，那硫黄味儿也不像平常那样让人清醒，却似乎带着冲鼻的毒素，让人避之唯恐不及。只苦了我们树族，挪不开腿，避不了，只能任由毒素侵袭。

　　一阵死寂过后，又传来一阵阵的哭叫声，像是有谁家遭了灾，又像是小孩和女人们被吓破了胆，刚才不敢喘气，惊吓过后，才歇斯底里地大喊大叫出来。"掼炸弹了，掼炸弹了！"原来，刚才的巨响就是炸弹爆炸！又一会儿，一大群男人大声喊着跑过来。只听到有人说："炸弹掼下来，炸杀人了！""炸着啥地方？""平常欢喜抱日本人大腿的豆腐店老板！""噢，是伊呀，日本人的炸弹哪能介不长眼睛，炸煞自家朋友？"讲这话的不知是

谁，但话里有话，似乎对炸死的人有点幸灾乐祸。

人们正在议论纷纷，突然有一个嘶哑的声音传来："怪哉，怪哉，落下来的炸弹会转弯！"另一个声音驳斥道："张大胆，侬啊有神经病？瞎三话四点啥？炸弹落下来么，一落到底，哪能会得转弯？"嘶哑的声音又响起来，好像在争辩："不要乱说，我从来不讲假话的，刚刚侬勒全把仔日本人的飞机吓煞哉，全部伏勒地上，我是不怕死格，面孔朝天想看看到底炸弹落下来是啥样子。一颗炸弹下来，看看要落到大家躲格地方，不晓得哪能一回事体，好像有啥东西对伊推了一把，转了只弯，落到豆腐店里去哉！我看得清清爽爽，不会错，就是不晓得阿里位神仙帮了大家的忙。""啥个，真有这种事体啊？"好几个声音差不多同时响起，大家对张大胆的说法将信将疑。

大家一边说着，一边进了城隍庙，几个人讲："啊唷，大难不死，快点到庙里烧炷高香。"便有几个人走进了大殿，刚要对着老爷磕头，却有人喊起来："大家看，大家看，城隍老爷这只手臂烧焦啦？"接着传来一片啧啧称奇，七嘴八舌一阵议论。这时有人似乎是恍然大悟，叫起来："啊，我晓得了。刚刚我看到炸弹转弯，一定是城隍老爷显灵哉。就是伊用手一推，把子炸弹推到豆腐店去哉。侬看，老爷为救我伲自家的手烧伤塌啦！"原来是张大胆，一边说一边跪下对着老爷咚咚地磕着响头。他这么一说，后边的老百姓也都跟着磕起头来。

第二天，满镇的人不管是种地的、打鱼的还是跑单帮的，都来城隍庙里上香，感谢老爷显灵，救了好人，也惩治了坏人。再接着，周边的百姓也来上香，连多年没有见到的扮抬阁唱小曲的景象也重新出现了。真个是香飘十里外，歌入云霄中。这样的日子一直延续了几个月。

啊呀，跟你们嘎三胡，讲得太多，太阳也要落山哉，不讲了，休息。

什么？你还要我讲？告诉侬，从日本人打走之后，实在没有什么有意思的事，也很少好事体。要说好事体，只有一桩，六十多年前镇上有几趟游行，不过不像以前看过的老爷出巡，只见有人喊着口号，排着队在走。他们喊什么，听不清楚。好像是"解放"什么的。只是游行的人，穿的衣

服有些不一样，记得大清时都留辫子，民国时辫子不见了，乡绅们还是多数穿长袍马褂，在外边教书的先生也有人穿叫"中山装"的衣服。六十多年前，中华人民共和国成立了，那时，游行的人常有红旗在前引路，穿的衣服嘛，好像有黄色的军装，那是从战场上下来的，等到黄色的军装洗到发白，他们也换上了老百姓常穿的衣裳。有身份的人穿"中山装"，时髦的男女穿什么"列宁装"。刚开始几年，还有男人穿花衬衫，那花可艳了，红的绿的都有，听人说，叫"苏联花布"。不过这些都只时兴了一阵子。那几十年，老百姓的衣裳比民国时是要好了，不过旧衣裳多，新衣裳少。到了大概四十年前，突然军装又兴了起来。而且人们突然喜欢起红颜色，连墙壁也涂成红的，还有白纸黑字的什么贴在上面，花花绿绿。再过几年，又恢复平常，但是穿新衣的人多了，爱时髦的三天两头换衣裳，换出来的衣裳常常异乎寻常。呵呵，银杏不穿衣裳，见到你们穿着的变化，就有些好奇。讲太多了。

　　这些事都是我看到的，经历过的老人已经大多不在世了，只能由我来给你们讲几句。我们银杏树都不爱记事。记住了点滴小事，算是讲古，搜索枯肠，就剩这一些了。什么？还想听？嘿嘿，我只讲古，要说最近几十年的事，经历过的人都在，你找他们去。人比我们强，亲历过的事，能够眉飞色舞地讲一大筐，比我讲得好听。我说过了，我们不惯多讲，该休息了，就到这里，就到这里。

威灵显赫，
城隍正神

　　城隍庙的核心，当然是城隍神。中国人修建城市的历史可以追溯到近万年前，而城隍神作为城市的保护神，起源当然也是极早的。据说，中国古代有"八蜡"之祭，每到岁末，就把各类与农业有关的自然物和人工创造物，合在一起祭祀，包括先啬、司啬、农、邮表、猫虎、和坊、水墉、昆虫。其中"先啬""司啬"都是农业的祖师神；"农"指的是管理农事的官，官名叫田畯；"邮表"是田间的房舍，一是做田界标志，也可以供田畯一类的官休息；"和坊""水墉"都是人工建筑；"昆虫""猫虎"都是与农业收成有关的生物。将法术同来源的对象放在一起祭祀，大约起源是非常早的，难以考证。单说其中的水墉，即河流，与城市有联系，也就是护城河。"八蜡"之祭也许正是祭城隍的开始。所谓城，古代必有城墙围绕，以做护卫的屏障，城墙外有河，而且尽量挖深，让人无法一下子通过，防止敌人直接攻到城墙根，只有由自己一方控制的吊桥才是入城的通道，那就是护城河。隍，就是护城河，对城隍神的祭祀，是"八蜡"之祭的遗意。

　　不过，比起"八蜡"之祭，城隍的祭祀更加人格化。城隍神，就是明确的城市保护神。前面提到过，朱家角城隍庙供的是青浦城隍神，大号沈恩。他是怎么当上青浦的城隍神呢？说来话长。要讲他的故事，还得先从城隍神的来历和位业说起。

朱家角城隍庙

城隍神的来历和位业

看到"位业"两个字,读者可能有点陌生。如果提一下一位古人的名著,读过中国文化史的朋友,可能会有一点印象。在南北朝的梁朝,有位出名的"山中宰相",大名叫陶弘景,是位道教徒,原是梁武帝萧衍的好朋友。他经历过仕途,却不迷恋富贵,放着京官不做,却跑到离当时的京城不远的茅山隐居修道,只是萧衍十分信任他,每有军国大事,都派人去咨询,常常前面派的使者刚走,后面派的便又接踵而来,所以时人称其为"山中宰相"。且慢说他的盛名,单说他的著作中有一部书,叫《真灵位业图》,列出了几百位神仙的地位、名号,那地位指的是在仙界的位置,这位置是怎么定的呢?根据这位神仙的修行努力和成就。修行努力、成就大的,就处在仙界的高位,次点的就要低一点。"位",就是在神仙世界的位子,"业"呢,就是修行努力的成就。业决定位,业高的在神仙世界的位置就高。所以呀,神仙可不是随便就能做的,没有业为基础,一切都是白搭。

不过呢,神仙世界的位子倒不是随便定的,必须有名号、位置、品秩,然后才能讨论由于什么样的"业",才能补到这个位置。所以,我们这里要讨论城隍神的位业,还得先弄清楚他的来头。

为此,我们专门读了一本书,叫《太上老君说城隍消灾集福妙经》。那经中说,下方生人,凡人善恶都由城隍神奏报。而城隍神:

天地储精,山川钟秀。威灵显赫,圣道高明。无党无偏,公忠正直。有求必应,如影随形。代天理物,剪恶除凶。护国保邦,功施社稷。溥降甘泽,普救生民。统帅十八真司,主管百万神将。积功累行,位证城隍。权掌天下,威镇万邦。

足见城隍神本是天地之精，山川之秀，是一位公正的神明，有求必应，宣示善恶报应，有护国救民的重任。不过，并不是谁都能胜任此责，必须是积累了大功德、大善行，才有资格当上城隍。一旦上任，便权掌天下、威镇万邦，拥有极大权威。

当了城隍神，便有了位。但要想有其位，必先积累功德，这便是先要有其业。积功累德之业，是位证城隍的前提。

管阴间的地方官由谁来当，可是一个很讲究的大事。城隍是地方的父母官，职责是保护地方安宁，为当境百姓消灾纳福。由谁来担当大任，绝对不能马虎。从我们已经了解到的情况看，各地的城隍神，几乎全是与该地方有关的历史人物，其中不乏著名的功臣、烈士。像南京的城隍神，就是南宋为国牺牲的文天祥；原上海县的城隍神，是原住在此的元末明初的秦裕伯。据说不仅城隍神，哪怕是各地的土地神，名位虽低，也不能随便浪得，如果是正神，必是有来历的。早年间，浙江萧山县（现为杭州市萧山区）的土地神是位女神——鼎鼎大名的西施！因为当年西施为了越国，被迫离开家园，赴吴国嫁给敌人夫差，为越王勾践赢得休养生息最终报仇雪耻的宝贵时间。她从诸暨出发北上去姑苏（今天的苏州）时，曾经在萧山这边学习宫廷礼仪，做进宫的准备。她的自我牺牲换取了越国百姓的生机，所以论功做了土地神。城隍神比土地神级别更高，那就更加不能马虎了。

实际上，古代祭城隍多是民间自发的行为，供奉的常是对地方有贡献的人，或者是当地出类拔萃的人物。到了明太祖朱元璋时，才对城隍的品秩、祭拜制度等作出官方的规定。

各地的城隍神绝大多数是功臣烈士、地方先贤，这正是位业的统一。

中国古代一向有给有功德于民者立祠、春秋两序加以祭祀的习惯。这种做法，源远流长。古代的经典《礼记》对于此类祭礼有明确规定。应当祭祀的，才可设牌位、立祭坛、设神祠。凡是有大功的人物，能捍卫百姓利益并消除大灾大患的，能为民树立教化、创制规范的……总之圣贤才可以祭祀，否则不当祭而乱祭，便是"淫祀"，古人认为淫祀绝对得不到福报。

朱家角城隍庙

　　而与当地有关的名人贤士，或者是本地人，或者是寓居此方，或者是做过地方官，必须真正为地方做出过贡献，有大的功业，才可充当城隍正神。

　　那么，青浦城隍又是谁呢？又具备什么功德，才可充其位呢？

　　青浦城隍大名沈恩，明代松江人。他为什么能担当城隍神的重任，先要从其人说起。

沈恩其人

沈恩（1472—1533年），明代官员，字仁甫，弘治九年（1496年）进士，后任刑部主事，升授四川布政司左布政使。沈恩"居官称任，藩宣著绩，功在社稷"。崇祯六年（1633年），授显灵伯。

✿ 一位贤臣

沈恩是松江人，明代的松江可是一个府级行政区，下辖好几个县。

沈恩1472年生，1533年殁，只活了61岁。他自幼习儒，弘治九年（1496年）中进士，时年24岁，可谓少年春风得意。不久，任刑部主事。他病死的那年，是嘉靖十二年（1533年）。直到崇祯年间（1628—1644年），被敕封为青浦县城隍神，时间隔了一百多年。

◎ 沈恩像

沈恩中进士之后，一直在做京官，不久升为刑部主事。按明朝官制，六部主事并不是显官。刑部有尚书一人，为正二品，其下有侍郎二人，正三品。又有文选、验封、稽勋、考功四个清吏司，各有郎中一人，正五品，员外郎一人，从五品，然后才是主事，正六品。县官俗称七品芝麻官，正六品的官儿，也只比芝麻官大了两个半级。

然而，这样的官儿沈恩干了没几年，就因为得罪了权倾一时的宦官

刘瑾，落职还乡。刘瑾得势在正德元年（1506年）到正德五年（1510年），沈恩的落职应当就在这几年。

正德五年，刘瑾事败，沈恩的官位得以恢复，并且还很快提升了几级。这次不做京官了，外放到四川做布政使。

按明朝的官制，布政使的官位颇高。当时除了北京、南京以外，全国分为十三个省，布政掌一省的政事，有左右布政使各一人，从二品。沈恩原来的官品是正六品，到从二品，一下子升了七个半级，即三级半，成了一个行省的主要官员，地位不可谓不高。

沈恩任布政使的四川，离京师相当远。据《明史·地理志》介绍，距南京七千二百六十里，距北京一万零七百里。所辖的范围颇大，领府十三个，直隶州六个，宣抚司一个，安抚司一个，属州十五个，县一百多个。北至广元，与陕西交界；东至巫山，与湖、广交界；南到乌撒、东川，与云南、贵州交界；西到威茂，与西番（即西藏）交界。在这样一个远离京师、地域广大的行省任职，肯定不是件易事。

而布政使作为地方大员，与刑部的主事不同，身上的责任重，权力也大。布政使掌管一省之政务，凡是朝廷有什么恩泽、诏令，都由他来宣布，而地方上的官吏政绩如何、是否清廉等等，也由他录定后报到吏部、都察院。每三年，要率领其下属的府、州、县的正职官员进京朝觐，并听候察典。每十年，则要详细登记本省的户籍数、田亩数，以定朝贡规例。同时，全省范围内官员的俸禄，乃至省在内的宗室人士的钱银等相关事项，也都归他管。理论上，布政使有代皇上抚恤孤寡贫穷的职责，也有表彰忠孝之责。若有灾害等，也由他向朝廷报请抚恤救济。他手下的属官、属员，则分管该省下属各地的粮储、屯田、清军、驿传（相当于官方的邮政和人员往来的接待）、抚民等事。所以，一个布政使，要真的按规定做好，实在很不容易。

沈恩的布政使正是做得像模像样。所以皇帝给他的褒奖之词是"居官称任，藩宣著绩，功在社稷"，说明他对职责十分认真，成绩卓著。而讲到"藩宣"，则更有些特别之处。原来，明代的布政司权力极重，职责也包括了处理行政辖区内与少数民族有关的事务。所谓宣，就是宣慰，朝廷曾经设过专门的宣慰使，负责向辖区内的少数民族宣传"王化"并安抚各族。四川是多民族聚居之区，而且与云南、贵州、西藏接壤，处理民族事务相当重要，担子自然也不轻。所谓藩，则是指明代封的亲王——藩王。朱元璋登上帝位，也与历代统治者一样，封了许多子弟为王，他们有藩卫王室的职责。后来历代皇帝也继续封立藩王，这些藩王一般不参与地方政务，但因为其特殊地位，地方官员也必须恭敬有加。藩王太过强盛往往觊觎皇位，当年的永乐皇帝，便是先为燕王，后夺皇位，但既已夺得天下，便算是正统了。正德年间，就是沈恩出为四川布政使的那一段时间内，吴王朱辰濠造反，亏了王阳明等人处置得当，及时平息了。藩王既得罪不起又纵容不得，所以，藩王事务确难拿捏得恰到好处，沈恩在四川"藩""宣"两者都能"著绩"，那一定是处置得当，成绩突出。

沈恩，首先是一位能吏，一位贤臣。

一位正直无畏的人

沈恩的"贤"，与他的"正"是联系在一起的。他性格耿直，不肯向权臣宦官低头，所以遭到迫害。

第一次与权奸的斗争，发生在他任刑部主事期间，据说是得罪了大太监刘瑾而落职，回乡闲住了几年。

当年的具体情况已难钩沉，但却说明沈恩是一位不肯巴结奸臣的正人。为什么？还得从刘瑾其人说起。

这刘瑾，是明代著名的太监，出了名的坏。他本性谈，冒刘姓太监之姓，遂姓刘。明武宗朱厚照做太子时，刘瑾是东宫的太监，也就是太子身边的奴才。等太子登了基，刘瑾自然成为皇帝身边的红人，权倾一时。明朝皇帝名下有两个特务机关：东厂和西厂。刘瑾得到武宗宠信后，又增内行厂，三厂全部由他自己掌管，从此更加骄横不法。《明史·列传·宦官》说：

"时东厂、西厂缉事人四出，道路惶惧。瑾复立内行厂，尤酷厉，中人以微法，无得全者。"哪怕是官阶高的大臣，稍有触犯，便遭横祸。

明武宗是一位昏君，刘瑾摸熟了他的脾气，每当皇帝玩乐最起劲时，就进去奏事，皇帝一听就生气，说："我用你干什么的，那么点事也来打扰我？"于是刘瑾拿了这句话茬儿，要紧事儿不再去禀报皇上，而是自己专权处理，陷害正直忠良之士，无所不为。

刘瑾弄权，朝廷上下遍布阉党党羽，大臣稍有不慎就会遇害，因此破家的、贬谪的、廷杖至死的，不知凡几。于是不少阿谀奉承之徒附从阉党。沈恩属于那种宁折不弯的人士，坚持不依附阉党，免不了受到迫害。幸而他当时官位还不算高，名声也不大，可能刘瑾没把他放在眼里，只是将他赶出官场了事。当时同在六部任主事的王阳明，便遭了贬，到贵州偏僻地方的龙场驿做个驿丞。据说，王阳明赴任时，阉党派杀手在后面追。他跑到一条大河边，将鞋袜脱下弃在岸边，杀手追到，看到河边的鞋袜，以为他跳水自杀，这才打了回票。王阳明方得以逃过一死，跑到当时的蛮荒之地整整待了七年。沈恩虽然没有王阳明那样的经历，但当时所处的境况之凶险，可见一斑，其人的正直无畏，也可以感受。

这刘瑾，兴起之速，明代十六朝，实在少有，但其败，也来得快。正德五年，这一权倾一时的大太监被人揭发，在抄家时，抄出了玉玺及其他违禁物，又查出他平常拿着的扇子里，竟藏了两把锋利的匕首——他经常在皇帝面前转，这可是随时想要了皇帝的命呀！亲自带人去抄家的明武宗，这才勃然大怒，将刘瑾千刀万剐，所有党羽也各受惩罚。就这样，沈恩官复原职。只是不久便加官外放，做了从二品的四川布政使。

沈恩在布政使任上干了几年，从后来崇祯皇帝给他的评价看，官做得不错，口碑看来也不错。但是不知怎么回事，他又得罪了当政的杨廷和，再次丢官回了老家。

说到这位杨廷和，其实不是坏人。他曾经任过首辅。明朝在嘉靖朝以前，从来没有真正的宰相。六部直接听命于皇帝，也有大学士官封一品，随侍在皇帝左右的，但是他们只是"辅"，不过在六部和其他事务中起协调作用。杨廷和年方十九就中了进士，比他父亲中进士还早。他在正德二年入东阁，在给皇子讲经典时指斥佞幸，所以得罪了刘瑾，被弄到南京做了吏部左侍郎。不久被召回，升为文渊阁大学士，参与机要事务，也就是到了入阁的位置。在刘瑾专权的情形下，他虽然不能施展才华，但也常与另一大学士李东阳一起尽量调停，保护了一批正直人士。正德皇帝死时无子，是杨廷和等主持了四十天的朝政，迎正德皇帝的旁属弟朱厚熜即帝位，是为嘉靖皇帝。这是杨廷和的莫大功劳，所以此后他官运日隆。但不久，却因为坚持明代皇家礼制，与嘉靖帝主张不同，渐行渐远。最后辞官不干了，还好嘉靖在即位头几年还没有彻底昏庸，仍然给予杨廷和优厚待遇，只是实职没有了。

这样看来，杨廷和是一位坚持原则的好官，至少在明朝那个专制透顶的年代里，算得上是好官。却不知为了什么，沈恩与他也闹了别扭，因此辞归。古人有言：峣峣者易缺，皎皎者易污，讲的大概就是沈恩这类正直到有些迂的人士吧。

正德五年，刘瑾恶贯满盈，时为1510年，之后沈恩才被提拔为四川布政使。杨廷和于正德三年（1508年）参与机务，正德十六年（1521年）武宗崩，杨廷和权力至重时为武宗最后一年，迎立嘉靖之前的四十天里，以后在嘉靖三年，因议嘉靖之父事，与皇上意见不合而求去。所以，沈恩因与杨廷和不谐辞官必在嘉靖三年之前。沈恩在老家居住十来年后，于嘉靖十二年（1533年）逝世。

先后两次得罪当权者，虽然事由不清，对象也根本不同，但是沈恩不惧权贵的正直作风，由此可见一斑。

沈恩其神

✿ 正封城隍神

沈恩死后，过了近百年，不知怎么的，明朝第十六代皇帝崇祯帝想起要封他为城隍神，敕书："朕闻生为直臣，殁有明神，御灾捍患，维持奠安，兹特封尔为江南府青浦县城隍显灵伯。"

崇祯帝给沈恩的封号是县城隍，但其封号中的"显灵伯"三字却与明太祖时定下的城隍神封号稍有不同。

原来，城隍神的奉祀虽然开始得很早，但皇帝亲自为城隍制定封号、礼典，到明太祖朱元璋才是第一个。

按照朱元璋定下的制度，与行政区一样，城隍神也分为好几级。京师的城隍为承天鉴国司民升福明灵王，开封等几个地方的城隍也封为王；府城隍监察司民城隍威灵公，秩正二品；州为监察司民城隍灵佑侯，秩三品；县为监察司民城隍显佑伯，秩四品。封建时代是按行政级别分官授职的，品秩严格，不可随意更改，除非皇上下旨特别批准。请注意，都城隍与府、州城隍的封号上都有一个"灵"字，而县城隍却没有，只用"佑"字。崇祯给沈恩的封号，却不用"佑"，而用"灵"，称为"显灵伯"。虽然级别不变，但因为用了上一级城隍神才得使用的"灵"字，便算是额外的褒扬了。

◎ 青浦民众的爱戴与城隍行祠

城隍神一般都住在县城里，青浦县城隍神也不例外。因为按当年朱元璋定下的规矩，凡是皇帝圣诞日及五月十一日城隍诞辰日，都要祭城隍。当国家或者地方上发生了各种灾，如瘟疫、水灾、旱灾，也都当祭城隍。而各地祭城隍的主祭者就是当地官员，在京师则由皇帝委派太常寺官员主祭。所以，府、县的城隍庙，应当设在当地的行政中心。旧时还有些习俗，也与行政官员、行政区划有关。新任地方官到任，通常先要拜会城隍神。据说治理阳间的官员与治理阴间的官员相见之后，便彼此熟悉，地方上才能阴阳协调，才能治理好。而地方官员平时每天升堂办公，直到除夕当天，官府照例要"封印"，将代表一地权力的大印用红布包好，暂时封存，从初一起，衙门放假，不再办公。待到正月十五，假期结束，再开始办公，这

◎ 青浦城隍庙

朱家角城隍庙

便是"开印"。开印要在城隍庙中进行,届时包裹大印的红布打开,由地方官先给城隍拈香,通报开印,然后捧印回到阳间的衙门,才正式行使用印大权,开始办公了。这样的习俗,据说是朱元璋规定的,后世便相沿成俗,有的地方甚至一直将其保留到民国时期,浙江省的龙游县便是如此。开印是一县大事,当天按例要给城隍老爷唱"天亮戏",即通宵达旦,当中不停,即使看的人倦了,回家睡大觉,戏也不能停——也许神是不用睡觉的。

城隍神的驻地与行政区划一致是通例,当然有时也会有变化。一种是原来的行政中心发生了变化。比如原来县治在甲地,现迁至乙地,则城隍庙也跟着迁到新中心城。但原来的老庙有时就保留下来,一县便有了两个城隍庙。另一种是行政区划整个变动,两个县或府合而为一,那也会出现类似的情况。然而,朱家角的城隍庙,却与上述的两种情况都不同。朱家角从来不是青浦县的行政中心,而只是其下辖的一个镇。那么那里的城隍庙是怎么来的呢?

原来,这是座城隍行祠。就是建造了,预备在青浦城隍老爷巡行全境时,来此暂驻的地方。但一旦建成,可就成了永久性的建筑,似乎是第二座城隍庙了。里边一样供奉着城隍正神,准备了一应表示老爷身份的卤簿,像"肃静""回避"一类的牌子、衙役,以及他们手上的棍棒之类。

为什么要给城隍神建造行祠,这是个难以一言道尽的问题。

◎ "肃静"等牌

在古代中国人眼里，神是在冥冥中支配着世界上的各类事务的超自然力量。而且，中华民族的传统是信仰多神，多神中当然有主要的最高的神。敬天祭祖是中国的传统，对于神灵也是如此。古人相信凡是神灵，都是一股精纯正炁，散则无形，聚则有体，无处不在，无所不能。所以，可以在不同的地点，为其塑起金身，跪拜祈求。因此，同一个祖庙可以将神灵迎接到别地供奉，叫"分香"或"分灵"。城隍神保地方平安，他的责权在一县范围内，就像县太爷需要经常出巡境内各地，有时还得在下面住几天一样，县城隍也有责任巡视当境，替百姓消灾障，驱厉鬼，清邪秽。按照朱元璋当年的规定，城隍巡逻地方，一年有三次：清明节、中元节还有十月初一，后来在民间形成风俗，称为"三巡会"。由于这样的原因，各乡镇的民众常会希望本县城隍下来之后就多住几天，最好是常驻。于是，就会有人带头，聚集本地的力量，造一个城隍的行祠。青浦这个地方似乎对于他们的城隍老爷极有好感，先后出现了多个城隍的行祠，朱家角城隍行祠便是其中之一，此外还有章堰城隍行祠。大约得益于地理之便，朱家角的行祠，香火特别旺盛。

朱家角城隍庙

多封了几个字的县城隍

朱家角城隍庙作为青浦县城隍的行祠,其规格应当比县城的那座原庙略小,但神的造型、封号则应当与原庙一致。如果你走过全国各地多处城隍庙,再回头看朱家角城隍庙,可能就会觉得有一些与众不同的地方。那么,最大的疑问是什么呢?

✿ 城隍的封号为什么多出几个字?

前面说过,城隍神的封号是从朱元璋起就确定了的。像崇祯封沈恩用"灵"字,已经是特别的褒奖。朱家角城隍神,不仅有显灵伯的称号,而且还多了两个字,称为"福佑显灵伯",这是不是弄错了呢?据传说,这并没弄错,而是乾隆皇帝下江南时赠予了"福佑"两个字。

别看只加这两个字,意义可不一般。在古代,一个庙号中增几个字与少几个字,那意义可大不相同。神的尊号,许多是朝廷定的。有时一位神明在社会上或皇朝心目中地位上升,皇帝的第一个做法,就是给他加尊号。比如,同样是王、后、帝的级别,字号的多少,表明在皇帝心目中的地位大不相同。明代尊玄天上帝,他的尊号,一直加到一百个字,似乎是有史以来的顶尖了。清代妈祖的尊号也在不断加长,在明代她的尊号原本是护国天妃,到清康熙年间,施琅用兵台湾,使得原来的郑氏政权归顺大清,康熙认为这是神佑,将天妃封号进位成天后。这以后呢,清后期海疆不宁,皇朝为求天后保佑,不断地加赠封号,到清末已增到七十二个字,也算是到了极点了。如果不是清朝被推翻,或许还会继续将字数加上去。而一般城隍神的封号字数，从明朝以来就没有增加过。沈恩的封号从三个字增到五个字，一定有非常特别的原因，那就是乾隆皇帝的恩赐。

清军入关以来，从皇太极算起，到第三代皇帝康熙，都非常注意学习中原文化。再历雍正，到乾隆，清朝达到极盛。乾隆的文治武功像不像他说的"十全"姑且不论，但当时的国力确实达到封建社会所能有的巅峰。乾隆皇帝一方面对知识分子严加防范，另一方面又通过征集士人编《四库全书》、自己多次亲下江南等举措，拉拢士大夫。他一生曾六次下江南，尽管有游山玩水的成分，但主要的目的便是让南方士人感恩戴德，同时宣扬王化，加强文化统治。

给沈恩加封，就发生在乾隆下江南的途中。

当年，乾隆皇帝闻江南水多桥多，游兴起，即下御旨、备御船，带领一批嫔妃、宫女、太监、御林军，二十余只大船浩浩荡荡往杭州进发。

这一天，船队进了淀山湖，天色陡变，一时乌天黑地，狂风骤起，暴雨倾盆。乾隆大惊失色，一迭声传下御旨，命令将船靠岸抛锚。殊不知，这些官员随从哪里见过此等架势？一阵手忙脚乱，船儿还是在湖中央团团转，乾隆皇帝吐得两眼发黑，急得随员雨水汗水泪水哗哗流。

正在此时，突见船队左侧有一扁舟，船头船尾挂几只红灯笼，灯笼上"福佑"两字清晰可辨，一位着斗笠蓑衣的渔夫，一面举手示意，一面摇船向前带路。大船队尾随其后，借着隐隐约约的灯笼光，终于脱离险境，顺利靠岸。乾隆深为感动，召来渔夫仔细询问，方知渔夫为朱家角人士朱福佑。乾隆因受了惊吓，连续几个时辰滴水未沾，胃部疼痛难忍，朱福佑见状，奏请万岁爷稍等片刻，取来一锅刚炖好的黑鱼汤递上，说黑鱼汤味暖，可缓解胃痛。乾隆皇帝信疑参半，饮之，登觉舒坦，龙颜大悦："今遇福佑，遇难呈祥，汝实乃天下奇人也，朕要重重奖赏。"乾隆令人取来笔墨，"福佑"两字一挥而就。朱福佑磕头称谢，把御笔刻到船帮上，这个故事一直流传到现在。而民间传说那位自称"朱福佑"的，其实并非常人，而是城隍神化身。

如此一来，青浦城隍的封号便特别多出了两个字。

朱家角城隍庙

回访分灵的祖庙——青浦城隍庙

朱家角城隍庙是青浦县城隍的行祠，也就是说它是从青浦城隍庙分灵的。

分灵，又叫分香。中国人信仰多神，哪里的神香火旺，在民众心目中威望高，认为特别灵验，就会在其他地方再建一个庙来供奉。分灵出来的那一庙，习称祖庙，而新建的庙，神灵是从祖庙来，所以称为分灵，带来香火，所以又称分香。谈到朱家角城隍庙，自然要去拜访城隍神沈恩的故居，也就是祖庙。

青浦县治原来在青龙镇，那是一个江南名镇，也是重要的兵家必争之地。北宋末年，金兵南侵，掳走了宋徽宗、宋钦宗两个倒霉皇帝，继续南下，却遇到岳飞、韩世忠等的坚决抵抗。韩世忠便曾在青龙镇痛击金兵。后来，大概是经济和交通有了变化，县治搬到现在的青浦。万历元年（1573年）筑青浦城，当年即在城墙内不远处建城隍庙。城隍庙建起后，很快成为一邑民众聚集的公共场所。有人见城隍庙能聚人气，便想到在庙与城墙脚下之间有一片空地，不如发动香客信众建一座花园。于是倡议每人捐一文钱，倡议一出，立即得到响应，建园的资金很快筹齐，一座花木葱茏的园子建成，里面亭台楼阁、水榭游廊一应俱全，中央水池兼作观赏并城隍庙信众放生之用。这样，城隍庙的空间就大大扩展了。人多力量大，一文钱也可垒出金山，这园便起名为"一文园"。

青浦城隍庙原来建在城内，后来冷兵器时代结束，城墙不再承担防御功能，渐渐荒废，后来被拆除了。这样一来，一文园直接与护城河相邻。从园林营造角度说，无意中成了一个极佳的借景范例。原来，中国的园林不像西方园林重视几何的造型，方方的草地，直直的路径，剪得平整的树冠，而讲求在有限的空间营造悠远的意境，曲径通幽，回还往复，一步一景。像上海嘉定的秋霞圃，也不过是占地二三十亩的小小的私家园林，却有山有水，能表现四季之色，人在其中走，不知游过几个景，流连忘返。以小空间造出大意境，其中一个法子就是借景，借用园外的景色，与园中景色融为一体。一文园一旦去掉城墙，便和原来的护城河即现在的绕城河紧贴，于是河中流淌不息的水，南来北往的船，船上东城西乡的客，都成了景观的一部分。这一文园，从此便更名为曲水园。它不仅将园子靠着的河融入景观，而且在高楼大厦耸起前的几百年中，望过河对岸，尽是平畴，天气好的时候，远处松江一带的九峰（平地上耸立的九个不过百米的小山峰）三泖（三个大水汇聚之区）都尽收眼底。坐在园中的人，一下子便融进眼前的景，汇入苍翠的江南平原，飞上无垠的云天。所以呀，曲水园就成了上海著名的五大古典园林之一，其借景之妙，冠于沪上。此园在历史上是城隍庙的附属空间，现在虽各自独立，但站在城隍庙的楼上，反观曲水园，仍然美不胜收。城隍庙当时是一个公共场所，与曲水园相伴，成了一方胜景。可以想见，当年来此的文人墨客观览题咏，普通民众进香拜城隍，人流如织。每当城隍生日，更是官民人等齐聚，士农工商全临。但无论如何，这里的核心总是城隍神。高坐于殿堂的城隍神，是青浦人爱戴与虔信的。朱家角城隍庙从这里分灵，正是因为地方百姓的宗教情感，尽管城隍管全境，全境情况想来他老人家都一目了然。然而，虔诚的人们总想他离自己、离自己的家园近一点、再近一点，于是就在家门前为他建了一座行祠。

说到城隍庙，当初一般都建在城池之内。县城隍庙建在县城里，府城隍庙建在府城里，都城隍庙建

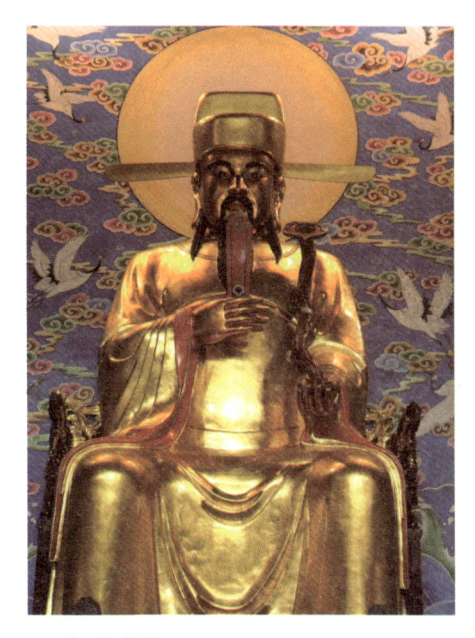

◎ 城隍神像

在京城。保存下来开放的城隍庙还是一邑的历史积淀、文化载体。青浦的城墙是拆了，但是城隍庙还在。后来城隍庙庙宇损毁，幸好基址还在，只是挪作他用，一度成了青浦博物馆。直到 21 世纪初，才交回道教界，经过道人和信士的努力，现今庙宇已经焕然一新。要说修复的历史，朱家角城隍庙甚至比青浦城隍庙还要早一点。

朱家角城隍庙既然是青浦城隍的行祠，当然要尽量造得和祖庙相像。但只有一个建筑是无法仿造的，那就是御书楼。

当年皇帝封赠沈恩为青浦县城隍，曾降下圣旨。皇帝的圣旨真是非同小可，对城隍庙来说，是莫大的荣耀，该怎么把这份荣耀留住，并且展示给世人呢？为此，青浦县城隍庙中专门建了座"御书楼"，以供奉圣旨，也便有了一些朝拜敬奉的仪式。不过，由明及清，朝代更迭；由清入民国，帝制不再，那些礼仪当然不复存在。只留下这座楼，记录着当年的荣耀。

朱家角城隍庙建于清代，大多数规制都承袭青浦城隍庙，只有这御书楼未曾营造。因为圣旨只有一份，当然也只能保留在祖庙中。只是时过境迁，圣旨已成文物，要由文物部门保管珍藏了。

庄严出巡

城隍神沈恩的口碑好，受到的崇拜也非同一般。最显著的表现莫过于他出巡时老百姓的虔诚膜拜，以及平时来赕老爷的人群的频繁。

人们所敬畏又爱戴的城隍老爷，每年有几次要从他端坐的大殿里出来，巡视地方，称为"城隍出巡"。朱家角的城隍爷也不例外。只是这样的出巡，近些年已经极少见了。

民间相传，城隍保一方平安，对自己所管辖的当境治安情况，当然得时时小心，不能让妖气散布，厉鬼闹事，瘟疫流行。所以，除了他手下的那些衙役们平时要日夜巡逻，还有该他管着的四乡土地爷要努力报告信息之外，必要时，还得自己亲自出马，对地方的邪气加以扫荡，对妖精厉鬼严加监督，干了坏事的撵他们走，更严重的还得上奏天庭，发来天兵弹压。这必要性，大约是出了大事时才出现的，不过一年中有三天，却是城隍爷不得不出面的。

这三天，是祭厉鬼的日子，按照习俗和信仰，分别是清明节、中元节和十月初一。这几天，是祭厉的日子，在民间也称为鬼节，不过书上却没有鬼节的称呼。

要说明这一点，先要说明"厉"的含义。

原来这"厉"，民间说法叫厉鬼。实际上指的是那些孤魂野鬼，或者是横死的冤魂。古人认为，鬼与活人一样，也需要饮食，若是饥渴难忍，得不到满足，就要作怪。问题就出在这些鬼魂没有人去祭祀，因为他们或是死在外边，或是死于非命，亲人根本就不知道何处收尸，有的干脆就没有亲人料理丧事。如果是死于非命的，本来就有一股怨气，没事还要弄出事来，孤魂野鬼不满意了，那还不得造反？

这厉,素来是我们老祖宗头痛的事,要想尽办法加以解决。到秦汉时期,在朝廷的礼制中,就对祭厉做出了专门的规定。而民间也都对厉鬼怀着非常敬畏的态度。只要看凡是以往的"官道"(即官修的大路)上,常常立着"孤魂总祭"的碑,便可明白老百姓的心态,他们对于孤魂野鬼抱有深深的同情,客死路边的人没能回到自己的故乡入土为安,他们觉得悲哀,要给鬼魂们一点儿安慰,一点起码的满足,也是破财消灾、希望鬼不要作怪。明朝开国皇帝朱元璋是从社会底层走出来的,比较了解民间的风俗和心理,对于祭厉也特别重视。城隍神有在当境燮理阴阳之责,所以规定,每届祭厉的日子,城隍神都得出面,亲临现场。于是就要将他的神像,用轿子抬着出去。差不多每一城市的郊区,都建有厉坛,专门为祭祀厉鬼而设。每到清明、中元、十月初一,都是城隍出巡祭厉的日子。这三天出巡期间,都会有各类祭祀、迎神和民间的文娱活动,配合组成盛大的节日,称为"三巡会"。有人以为,三巡会定在这三天,是朱元璋的硬性规定。其实,朱元璋是因俗施教,本来民间在这几天就有上坟、祭祖等习俗,他只不过是在此基础上做出礼制上的规定。

　　清明,是民间普遍扫墓的日子,直到现在还都沿袭。据说,它的起源是春秋时定下的寒食节。历史上有位名臣介子推,在晋文公重耳落难时,一直跟随着重耳。但后来重耳取得晋国的政权,论功行赏,独独缺了介子推。介子推带着老母亲回到老家即今天山西省的绵山隐居。晋文公想起这位患难时的忠臣,便派人去请他出山。但介子推早已无意仕途,坚持不出。晋文公想到一个歪主意:你不出来,我放一把火,将山上林木点着了,看你出不出来。谁知介子推是铁了心不出山,待烟消火灭,母子俩活活烧死在树下。晋文公悲痛不已,便下令每年到介子推死的那一天,不许举火,这便形成了寒食节。以后演变成全国性的节日,唐代定为年后第一百零五日。再后来呢,便成为现今的清明节,也是一个初春扫墓的节日。这一天,有墓葬的人家都会给亲人上坟、设供,大略是香烛和羹饭之类。

　　至于中元节,固定在农历七月十五日。这一天,民间刚有了小收获,像南方早熟品种的稻米收成,还有些其他的时新食品,便要先行祭过祖先,报告收成。而据道家传说，那一天是中元节，中元地官勾校各路鬼魂，干坏事的要处分，正常的则得到超度。佛教的盂兰盆节也设在这一天，要设斋饭供养僧人，后来演变成寺院都要在这一天超度亡灵。佛道两家都同在这一天祭鬼超度，与民间的祭祖习俗相融通，于是形成了七月半上新坟的习俗。传说大批的鬼魂本来囚禁在地狱中，这天都放假，跑出来接受祭献。十月初一，天气转冷，大家想起在阴间生活的亲人恐怕也要添衣加被，于是便上坟烧上一个包袱，里边是棉衣棉鞋棉被之类，当然是纸扎的为多。这三天，有亲人照管的鬼魂都会获得必要的祭祀，不会挨冻受饿，那些无主的鬼魂们，想来境况更凄惨。所以，那几天必得让城隍出巡祭厉以安抚之。

这便是三巡会的来历。朱家角并非县治所在，没有专设的厉坛，但是城隍老爷的出巡照样举行。

每到这一天，朱家角的百姓都会在自家门口摆上香案、供品，恭恭敬敬地等待城隍神轿过来。轿到时，照例要跪拜祝愿，请老爷保佑合家平安。

神灵的聚会

城隍庙是供奉城隍神的地方。当地的老百姓,管城隍叫"老爷",管其他的神也叫"老爷"。"老爷"是上海方言中对神灵的通称,但如果是佛教的寺院,则供奉的一般通称为"菩萨"。好像民间对这些不怎么讲究,凡是塑成的偶像,常泛称"菩萨","老爷"与"菩萨"的区别并不太严格。只是进城隍庙或其他道教的庙宇,称"老爷"更加习以为常。

之所以要说这么多上海民间对神灵的称呼,是因为,在民间,进庙称"老爷"十分普遍,而且这充分表现了民间对于神灵的普遍观念:他们是宇宙间往来的神道,是宇宙间各种秩序的管理者,所以是必须尊重的冥冥中的官员。虽然处在冥冥中,却又主管着凡间的事务;他们与凡间相隔,却又与民众相邻。

进入朱家角城隍庙,这种神灵观念便马上以鲜明的形象显现出来。

朱家角城隍庙

水乡民风

❀ 环太湖区的多神信仰

青浦以及上海市的大多数郊区,广义来说,都处于环太湖地区,或者说,是长江三角洲地区。这一地区,古代属于吴国,又曾属于越国,战国时属于楚国。东汉班固的名著《汉书·地理志》上说,吴越地区与楚国相邻,几次相互兼并,民俗与楚国差不多。那么他讲的楚国的民俗是什么样呢?他认为楚人"信巫,重淫祀"。所谓信巫,就是相信巫师有沟通人神的功能,凡有大事,必请巫师参与决断或直接作法解决。淫祀,指不当奉祀而滥加祭祀。

中国自上古起就有发达的灵性文化,多神崇拜与巫的重要性是其特征。我们的老祖宗曾经盛行自然崇拜,所有的山川森林以及一切物的精灵,都在崇拜的范围内。大约还在母系氏族阶段,就形成了图腾崇拜,我们说是龙的传人,至今龙这种华夏共同尊奉的图腾仍留存在民族的记忆里。后来进入文明时代,出现了国家,族与族之间、国与国之间常存在着利益冲突,精神生活中最重要的神灵,也因此有了不同的立场。所以各国、各民族都会规定自己所信奉的神灵,称为合"礼",而排斥其他的神灵,将他们看成是不合礼制的祭祀,便是淫祀。实际上,礼制所规定的神灵较为有限,而广大的民众则经常越出礼制规定的范围,奉祀自己的神明。

多神崇拜在世界各民族的历史上都曾出现过,只是一部分民族和国家较早走上了一神教的道路,而中国、印度等东方国家,仍然保持了以某一群神为中心的多神崇拜。印度人直到现在还保留着以梵天、湿婆和毗湿奴为主的多神崇拜——据说，印度教的信徒有近十亿，而他们供奉的神多达三亿，平均每三个人可以分到一个神！中国人也保留着这样的传统，南方尤其突出。楚人即春秋战国时的楚国人，楚国在今天的湖南、湖北地区，后来扩展疆域，将吴越地区兼并。而吴越本来的社会发展可能比楚还要晚一些，这些地区的民俗都差不多，是保存古代神灵信仰较多的地区。环太湖地区，自古以来神灵信仰极为活跃。奇怪的是，这一地区从南宋以来，就是中国的首富区域。南宋偏江南，环太湖地区是朝廷的靠山，经济的繁荣不用说。到了元代，黄道婆从海南归来，改进了纺织技术，而先进的技术，又带动了整个江南经济的发展。到近代，环太湖地区受到社会变迁的剧烈冲击，而到了今天，已成为当前中国现代化脚步最迅捷的地区，但是许多古老的传统，或依然故我，或以新的形式展现出顽强的生命力。

明白了这一背景，下面我们再介绍城隍庙中众神齐聚的盛况，就更容易理解了。

城隍庙与神灵的汇集

进入朱家角城隍庙，一定会被众多的神灵所吸引，也可能会感到迷茫。

城隍大殿正中端坐着城隍老爷，夫人也与他同坐。本来，庙里有个寝宫，正月初一到十五，夫人与城隍老爷都端坐在正殿里，受人膜拜。过了十五，夫人就回到寝宫，不再掺和老爷的公事。但现在寝宫不存，她也只好天天坐在这里听人祈祷、诉说，难得原来的安宁了。

由于空间宝贵，大殿里不仅端坐着城隍夫妇，还供奉着其他的神灵，其中最突出的一位是施太公。这位施太公，我们在后面还要作专门介绍，现在先略过。出了大殿，走进两旁的厢房，环环罗列的殿堂中，供奉的神灵就更多了。走上楼，来到一座太子殿，这里供奉着二太子，这位穿官袍戴华冠的太子，与他的夫人同供，旁边是一座寝宫。转过厢房，后面有一个专殿，供着天曹刘猛将，殿里同样坐着刘猛将和他的夫人。猛将殿里出来，有观世音，还有与人们生活息息相关的六十甲子神，都有专殿。噢，还有一位白胡子的土地爷，也在庙里有一席之地。

神灵们共聚一堂，一起接受信众们的香火，成为朱家角城隍庙的一个特色。

刘猛将与施太公——典型的环太湖神祀

在朱家角城隍庙里，天曹刘猛将和施太公占有重要地位。

我们先说说刘猛将吧。

在朱家角城隍庙西厢房后侧，一座大殿耸立。庙中空间有限，殿堂都不太大，这一座大殿可算得上巍峨壮观了。匾额上有"天曹猛将"四个大字。里面端坐着一位大神。他身着朝服，说是猛将，却面目和善，并没有威武凶暴之相。旁边并坐的，当然是他的夫人了。

◎"天曹猛将"匾额

这位天曹猛将，据说姓刘，民间叫他刘猛将，或简称猛将。有时呢，又称他为刘猛将军，似乎刘猛是他的名字。他在环太湖地区极受尊敬，无论在江苏的苏州，还是浙江的嘉兴，还有上海市的各个宫庙中，都可以见到他的身影。不过，从文献记载看，苏州一带特别多。在当地，对猛将神的祭祀，还形成了一些特殊的风俗。

清顾禄在《清嘉录》中说，在猛将生日的前后数日，"各乡村民击牲献礼，抬像游街，以赛猛将之神，谓之'待猛将'。穹窿山一带，农人舁猛将，奔走如飞，倾跌为乐，不为慢亵，名曰趆'猛将'"。趆，急走貌，吴语中读若"血"。

这位猛将神是何人士，众说纷纭。主要有如下一些说法：

第一种说法，南宋时的名将刘锜，汪亢《识小录》及《如皋县志》《恬庵杂录》等，皆采此说。清顾禄《清嘉录》云："(刘猛将)《恬庵杂录》以为宋名将刘武穆锜。王鏊

◎ 刘猛将和夫人

《姑苏志》及《常熟县志》亦皆以为刘武穆锜。俗称节使永定公刘真君庙。"《集说诠真》引《如皋县志》："刘猛将军，即宋将刘锜，旧祀于宋。以北直、山东诸省常有蝗蝻之患，祷于将军，则不为灾。"

第二种说法，刘锜之弟刘锐。《集说诠真》引《苏州府志》："刘猛将军，姓刘名锐，即宋将刘锜弟。殁而为神驱蝗(按《宋史》高宗绍兴三十一年，刘锜以疾罢，以刘锐权镇江都统制)。"然而刘锜并无叫刘锐的弟弟。有人查得宋代另有一位刘锐，是死于元初的，故又有第三说。

第三种说法，宋末抗金牺牲的刘锐。《清嘉录》："及考《宋史·刘锜传》有侄曰汜，无弟锐之名。""又《宋史》自有刘锐，端平三年知文州，死元兵难，诏立庙赐谥。疑即此神。然文州今陕西文县，则又与吴地无涉。今俗作刘铪，字仲偃，宋钦宗时以资政殿学士使金营，不屈死。为神固宜，但又不宜祀于吾地。"那位记述此事的地方文士有些疑惑，难以定夺。

第四种说法，南宋刘漫塘。《柳南随笔》卷二："南宋刘宰漫塘，金坛人。俗传死而为神，职掌蝗蝻，呼为'猛将'。江以南多专祠。春秋祷赛，

则蝗不为灾，而丐户奉之尤谨，殊不可解。按赵枢密蔡作《漫塘集序》，称学术本伊、洛，文艺过汉、唐。身后何以不经如此，其为后人附会无疑也。"记载此事的作者大约骨子里尊崇道学，所以批评此事为"不经"。

第五种说法，元末刘承忠。清姚福均《铸鼎余闻》卷三："《畿辅通志》云：刘猛将军，名承忠，广东吴川人，正月十三日诞辰（雍正十二年，诏有司岁冬至后第三日及是日致祭）。元末官指挥，有猛将之号，江淮蝗旱，督兵捕蝗尽死。后因元亡，自沉于河，土人祠祀之。"《集说诠真》引《歙县志》与此基本相同，但称"吴川"为直隶河间府吴桥县。民间确有持此说的，如果到现在的著名古镇嘉善县的西塘，便会发现，那里的民众笃信此说。

第六种说法，刘备后代子孙。浙江慈溪地方传说，认为刘猛将军是刘备的后代子孙，是位少年将军。他体恤农民受灾的苦楚，亲自带兵来除灭青虫。后来他中暑得病，死在庄稼地里。当地农民为了纪念他，就为他塑像立庙。

第七种说法，慈溪农民刘猛。慈溪地方传说，明代初年，慈北柴家有一户人家，哥哥刘勇，已经成家，外出做长工。弟弟刘猛年仅十二岁，在家跟着嫂嫂过日子。他们在地里种上了棉花。这年七月中旬，尺蠖成灾，嫂嫂让刘猛去棉地捉虫，捉光害虫才准吃饭。刘猛到了棉地，见棉花上的青虫成千成万，怎么捉也捉不尽。捉了半天，肚子饿极了，他索性把虫捉来放进嘴里，吞下肚去。他捉着、吃着，一直吃到肚子发胀，还是不停地把害虫往嘴里塞。最后他精疲力竭，倒地死去。那天天降雷雨，不少青虫被雷雨冲死。乡亲们对刘猛这种舍身除虫的精神十分钦佩，特地塑了个泥像纪念他，塑的就是缠着头颈、鼓着肚子的少年。后经州官上奏洪武皇帝，明太祖封刘猛为将军，身佩宝剑。

上面七种说法，杂采古人和今人的多种论著，除了后两种是当代调查所得的慈溪民间传说（参见滕占能《慈溪青苗会调查》，《中国民间文化·稻作文化田野调查》，学林出版社1994年版），其余或见于府县志，或见于文人笔记。但稍一考证，便发现这些说法大都看似言之凿凿，却查无真凭实

据。民间的信仰往往就是这样，大家供奉同一位神明，但是根据自己的知识水平和生活体验，会有不同的解读。

不过，刘猛将原来的职能是捕蝗，所以是一位驱蝗神。青浦所在的江南地区耕种水稻。在中国的五谷中，大米占有重要地位，近年来有媒体说，中国吃大米的人占总人口的60%以上。处在稻作文化区的百姓，对于蝗虫成灾造成的痛苦真是刻骨铭心：遮天蔽地的蝗虫，啃光了庄稼，闹得农民颗粒无收；甚至扫荡了别的草木，人们树皮草根也没得吃。所以江南普遍供奉驱蝗神，其中最重要的便是刘猛将。时代发展至今，人们的生产生活都发生了翻天覆地的变化，比如现在，大米的产区已经向北扩展，黑龙江出产的大米，便非常畅销；而上海地区的土地，除了城市化、工业化占用，大棚种菜、种草莓、种西瓜，面积日益扩大，稻作文化区不复往昔。但是民间的信仰有许多还保留着。只是对神明祈求的内容或许会有所变化，同时也带动了对于神灵的神格的新解释。

猛将神原专司捕蝗除虫，但现在入猛将庙求平安、求消灾的人也多了起来。所以当地的信众，特别强调他是"天曹猛将"，即天将。中国人相信天上、人间、地下都各有主管，必须建起政府和各种办事机构。天上的主管机构称天曹，玉皇大帝是核心；人间的称人曹，古代皇帝主管，皇帝没了，仍然会有其他领导者；地下即阴间，也有地曹或称阴曹，主管是东岳大帝和十殿阎罗王。强调刘猛将属于天曹，也就意味着他在玉皇大帝的天庭中任职，地位高，职司也重，那么主管的事、所具有的神通，也都扩大了。人们来祈求的内容，当然也可以超出原来的除虫这一项了。所以你看到进入猛将庙虔诚礼拜的善男信女，可能来自各种行业，从事各种营生，不再局限于种地的农民了。

朱家角城隍庙另一个重要的神灵是施太公。他慈眉善目，三绺长须，端坐于神龛中，一派安详之相。

施太公，一般称施相公。太公似乎是青浦地区民众对他的特别称呼。太公，就是老祖宗。上海周围地区的乡村中，常称本处所供的神灵为"太公"，有时更叫"伲村里的太公"，表示这位神明与本村具有特别密切的关系，在亲近中透着关怀。称施相公为"太公"，也是表示他与本地百姓亲密无间。

这位施太公的来历，与刘猛将一样，也有多种多样的说法。有的说他是施全，又说是施锷。《集说诠真》云："《松江府志》载：施相公，相传宋将军施全，又云施锷。按《至元嘉禾志》，施府君，宋人，名伯成，九岁为神。景定五年敕封灵显侯。明敕封护国镇海侯，所在立庙，甚著灵应。"据这么说来，他至少有三个名字：施全、施锷和施伯成。而且围绕不同的姓名，又流传出不同的故事。

◎ 施太公又名"神医施相公"

清顾禄《清嘉录》卷十二《盘龙馒头》引《华亭县志》："施相公讳锷，宋时诸生，山间拾一小卵，后得一蛇，渐长，迁入筒。一日，施赴省试，蛇私出乘凉，众见金甲神在施寓，惊呼有怪，持锋刃来攻，无以敌，闻于大僚，命总兵殪之，亦不敌。施出呼知之，曰：'此吾蛇也，毋患。'叱之，奄然缩小，俯而入筒。大僚惊曰：'如是，则何不可为？'奏闻，施立斩。蛇怒为施索命，伤人数十，莫能治。不得已，请封施为护国镇海侯。侯嗜馒首，造巨馒祀之。蛇蜿蜒其上以死。至今祀者，盘蛇像于馒首，称侯曰'相公'云云。并说：吾乡谢神筵中，必祀施相公，馒首特为施而设，蜿蜒于上者，乃蛇也，而皆作龙形，亦日久沿讹耳。"这个故事说得很生动，也很神奇。这位施锷在筒中养殖了一条蛇，这蛇大概已经通灵性了吧，所以现出金甲神的形象。不想却招来了官府的猜忌，斗不过大蛇，倒是有办法对付他的主人。于是施锷便做了冤死鬼！那蛇要为主人报仇，欺软怕硬的官府不得已，请示朝廷，封施公为护国镇海侯。因为施锷喜欢吃馒头，祭祀他的时候，一定要蒸大馒头，那蛇真是通灵，静静地伏在大馒头上死去，

于是后人便在馒头上面盘一条面粉做的蛇,称为盘龙馒头。

后来这一供品又演变成民间的饮食习俗。不仅在华亭(即现在的松江一带)有这样的习俗,笔者儿时在浙江龙游的一个山区也吃到过盘龙大馒头,可见流行很广。

施相公的另一个名号叫施全,倒是个实有的历史人物。据记载,施全是刺秦桧未遂遇害的一名下级军官。据《宋史·秦桧传》记载,绍兴二十年"桧趋朝,殿司小校施全刺桧不中,磔于市"。说得比较简单,陆游《老学庵笔记》卷二说得稍具体一点:"秦桧之当国,有殿前司军人者,伺其入朝,持斩马刀,邀于望仙桥下斫之,断轿子一柱,而不能伤,诛死。其后秦每出,辄以亲兵五十人,持梃卫之。"秦桧专权卖国,百姓对之恨入骨髓。不过由于他多年结党营私、排挤忠良,党羽布满朝廷,又派细作四出侦伺,发现有不满者,就加以迫害。所以人们对他是敢怒而不敢言。施全的奋力一击,虽然功败垂成,其勇烈之气足以使百姓敬仰,使奸相气馁。他牺牲后,民间为之立祠虽有可能,但与施相公却不见得能扯上关系。不相干的事扯在一起,虽与历史不符,但施相公庙的香火却是更旺了。

明代倭寇为患,对施相公的崇拜又与抗倭斗争连在一起。《太仓州志》认为施相公是明代崇明的施挺(崇明旧属太仓州)。明嘉靖年间,倭寇多次侵犯长江口外诸岛,崇明、横沙诸岛百姓深受其害。施挺率乡民起兵,打击了倭寇的嚣张气焰。施挺身先士卒,不幸战死,被封为"护国镇海侯",崇明、太仓等地先后修建了施相公庙。

施相公在环太湖地区,扩而视之,在浙江、安徽、江苏、上海等地广事供奉。称他为镇海侯,应当是在明清时期,海疆不靖的时代,寄托了民众的期许。后来,他的神格又适应民心社情有了一些转变。民国时期,上海地区的施相公,就突出了治病的职能。著名文史学家、曾在民国时期任职于柳亚子先生为馆长的上海通志馆的胡道静先生,就在《龙华群祠志》中说:"施相公的塑像,面是红的,一只手是金的,一只手是红的。那只金手据说能医毛病。殿的东面有一条长椅子,供着小小的马夫与其马,是预

备给施相公骑了去出诊的。"据施相公庙的庙祝讲，小孩子初次要过百步桥的，都得来拜施相公，以免受惊吓。胡道静先生说的是民国时的情况，而施相公治病的信仰却一直保持下来。朱家角城隍庙中的施太公，也是以治病为职责，来祈求的信众大多数是自己或亲友患了疑难杂症的。

朱家角城隍庙

神灵出行的湖区特点

按照前文胡道静先生的介绍，上海西郊的施相公庙中，为了神明出诊方便，特别给他准备了车马。不过，刘猛将与施相公，虽都在各地受人供奉，享受香火，但各地的地理环境并不相同，那么，他们出行时所使用的交通工具，便会有些区别。朱家角在青浦地区，最大的特点是河汊交织，

◎ 神明出行的船

形成通往村村镇镇的水上交通网，神灵们的出行，当然要适应这一环境。所以，他们的神像旁放着的交通工具是船。

神明的出行，想来是上天下地，蹈火入海，无可阻挡。不过，古人还是喜欢用自己的感受去想象神明的行为。所以呀，在超度亡灵的仪式上，有用纸扎的马，当然这些马都是神马，骑在马上的也是神灵。这种马又称"云马"，是可以腾云驾雾的，不像凡间的马只能在平地上跑。这些神明的交通工具，实际上都是为了让老百姓看明白仪式在做什么。神明的出行尽管可以不受时间、空间条件的限制，但还是请他们坐上车马、乘上快船来得形象生动一些。

☯ 关系到每个人的六十甲子

城隍庙里供奉的神灵常以群体的形式一组组出现，数量最多的一组，便是六十甲子。六十甲子是民间的一种称谓，按其神格又叫值年太岁、六十甲子元辰，供他们的殿便叫元辰殿。

古代中国人信仰的神灵数量一向繁多，可以说，神灵遍及一切时间与空间。人们生活中的一切领域、一切地方、遇到的一切都有神明在。以生活说，所有领域都不例外：管财的有财神，管功名的有文昌帝君，如此等等。以地方说，山有山神，水有水神，村有土地爷，门有门神，乃至于树、花、怪石、走兽飞禽，都能成精成仙。这是从空间上说。换个角度，从时间上看，日有日游神，夜有夜游神，月有月将，管年的有一位太岁神殷郊，也就是木星。殷郊是值年的总管，在他之外，还有一组分管每年的神灵，共有六十位。为什么是六十位呢？那是因为中国的纪年是以天干与地支相配而成的。天干甲乙丙丁戊己庚辛壬癸共十个，地支则子丑寅卯辰巳午未申酉戌亥共十二个，相互配合成甲子、乙丑之类，共有六十个。六十年结束，再从头开始。干支纪年，六十年一循环，因为起于甲子，故又称六十甲子。六十甲子，每年有一位主管的神灵，叫值年太岁。他们分管每一年的年运。

这值年太岁共是六十位。中国人有讲生肖的习俗。依地支，每一支以一兽当之，子鼠、丑牛、寅虎、卯兔、辰龙、巳蛇、午马、未羊、申猴、酉鸡、戌狗和亥猪。所以六十甲子神也依此分成十二大组，每组五位。进入元辰殿礼拜的人，大多数依生肖再细分，找到自己生年的太岁神。谁都有生年，甲子神与每一年捆在一起，自然也就与每一个人密不可分。

因为六十甲子神与人人都有关，所以信仰多神的人们，对他们也是恭恭敬敬，侍奉如仪。到朱家角城隍庙甲子殿祈求的人络绎不绝，虔诚有加。

按照民间的信仰习俗，人们对生命中的几个年份特重视。一个是本命年，就是按照十二生肖，自己的生肖年份。生肖由出生年的地支决定，伴随每个人的一生。民间认为到了本命年会有凶险，所以常会到甲子神前供

奉，祈求神灵保佑逢凶化吉。另一个年头，是六冲，又称犯太岁。比如子年生人属鼠，而隔六年，正好是午年，也就是马年。如果将十二地支围成一个圆，经过圆心将它们两两连接，便会出现子午、丑未、寅申、卯酉、辰戌、巳亥六组，每组都对冲。与当年地支对冲的年份，被

◎ 甲子神

认为不吉利、有凶险。如值羊年，则丑年生属牛的犯六冲，须到太岁面前谢过，才能变回吉利。对太岁的拜祭，称拜太岁，或安太岁，一般在正月举行，而到了十月，又会感谢太岁保佑，称为谢太岁。大型的宫观都会在正月和十月举办集体或个别的仪式。朱家角城隍庙中，尽管信众络绎不绝，但本地人毕竟数量有限，所以很少有集体性的仪式举行，倒是太岁面前个别参拜的人居多。

到处可见的土地爷

城隍管一县之境的事务,他的下属,除了功曹衙役,就要数土地神了。朱家角城隍庙里便有这样一座土地像。

说到这位土地爷,是分布最广的神灵,大凡有人迹的地方就能看到土地庙。土地庙也叫土地祠或土地堂,有的没有神像,只是几块砖石搭一下,祭时弄点鸡血淋在纸上,便算是敬过了。有的则与其他神祠、家堂相伴,立一个牌位。稍规整一点,才会做神像,常常是一位白胡子老爷爷;有时还有夫人陪坐,民间称为土地夫人或者土地奶奶。广州三元宫的土地堂中就并排坐着二老,那华居门上有联曰:"公公十分公道,婆婆一片婆心。"句子俚俗,却相当好地表达了一般民众对土地爷的评价。

◎ 土地像

现今,城市化推进迅速,原来立庙的地方,常常耸立起高楼,那么土地神怎么安顿呢?香港九龙居民便有一个两全的好办法:不管是哪一楼层,都在自家门口设一个牌位:"土地之位"或"五方龙神之位"。后者是指风水龙脉的掌管者。在江苏苏州的工业园区内,大庙中往往有一个专殿,齐整

整坐着一排土地爷——凡是当境动到的土地庙的主人，一概请来此处，让他们"联合办公"。可见，直到现代社会，土地爷广受供奉的情形，仍然没有完全改变，只是在形式上适应新环境，有了一些新变化。

那么，土地神为什么成为供奉最广泛的神道呢？这还真不怎么好说。幸好有一本书，叫《土地宝卷》，讲了一个生动的故事。我们试着复述一下，看能不能回答这个问题。

说到土地的来历，要追溯到天地开辟之初，不，是之前。原来，太极生两仪，分阴分阳，天地始成。而太极本无极，无极是太极之前的阶段。而土地，便是无极化生。他自化生成神之后，不知经历了多长时间，看看自己年纪越来越大，死亡的阴影总难从心中挥去。于是土地便想找到灵山佛祖，讨个永生不死的方子。听说佛祖在天上说法，他便一路寻找过去。到了天上，没找到佛祖，却得到金星指引，跑到三清宫内参见元始天尊。天尊一看到土地进来，却是认得。问道："你是无极化身，怎么跑到这里来了？"土地回答说："我是来寻佛的，不想遇到了天尊。"元始天尊对他说："天上宫殿最多，哪里找得到佛祖？"土地一听，不由心内生悲，哭着说："想我已经年迈，想寻到佛祖讨个永生的方子，却是千辛万苦找不到，那便如何是好？"元始天尊安慰他说："大家都出自无极，我和你也算有亲。这样吧，我将手中的如意送给你，权当拐杖。不要再到处寻找了，要么就到灵山等佛去吧。"土地得了如意，一路回转，走过南天门，心里想：刚刚到三清宫里游了一番，不如再进南天门，去凌霄殿玩玩。不想刚刚走近，门口的护卫神将便过来阻挡。土地忙说明来意："只是经过此处，想请各位行个方便，让小老儿进南天门玩玩。"那些守南天门的神将吓了一跳："这是什么地方，你想进就进？！不知高低贵贱的老家伙，还不快走开，别在这里撒野！"土地忙说好话："我从来没到过此处，让我进去玩一会儿，想是也没有什么妨碍。"众神哪里肯听他分辩，一边呵斥，一边就有青龙神过来，一把抓着土地，连推带搡往外赶，口中还骂骂咧咧，说这老头子真不知门槛高低。土地哪里受得了这股窝囊气，发起狠来，用拐杖一扫，顿时将南天门轰开——要知道这拐杖是元始天尊手上的如意变的，何等神通！众神见势不妙，急忙进凌霄宝殿奏告："有一个老头，简直癫狂，手里拿根拐杖，力大无穷，我等拦他不住，被他一拐杖把个天门也打破了！"玉帝一听，发起怒来，急调天蓬元帅率领二十八宿、九曜星官等，带领天兵下去捉拿土地。谁知道土地见了天兵天将的阵势，毫无惧色，不慌不忙，抡起拐杖一路扫去，天兵天将无法抵挡，只好再奏玉帝，讨来救兵，团团将他围住。那土地一见，笑道："嘿嘿，让我跟他开个玩笑吧！"于是假装斗不过，叫道："啊呀！他们人多势众，不如走为上。"说着往地里一钻，没了踪影。天将奇怪，这老头怎么突然不见了？九曜星君倒是知道就里："他是土地，这正是他的原形！"于是众兵将向土里掘去。掘了数尺，突然现出许多金子，众位不由心生喜欢。谁知那金子又突然化成水，疾速涨起来。幸亏天兵天将都有神通，运用起来，全浮在水面上。正在庆幸，不意土地将水一抽，天兵天将一起跌倒在水中，水又变成土，天兵天将弄了一身的泥泞，又好笑又恼怒。土地这才现身，说道："你们现在认得我了吗？"

众将又团团围上去，喝道："老头，不管你弄什么神通变化，都不容你逃脱！"土地笑说："我且弄个小神通，看你们受得了不！"说着捏起一撮土，往上一撒，众神只见沙土蔽空，睁不开眼，若稍碰到，如被刀割，疼痛难忍。天兵再次败下阵来。

输急了的天兵天将只好再次向玉帝讨救兵。这时玉帝也派不出兵来，有人说，那只好向灵山佛祖求助了。佛祖应允，派出四大天王、八大金刚带兵前去。土地和他们打了三天三夜，他一根拐杖法力无边，天王金刚也敌不过，纷纷后退。土地笑道："看我再使个法儿玩玩。"说着往下一钻，化成一片密林。天王叫道："树就是他变的，赶快砍掉它！"大家一拥而上，奋力砍起树来，却是怪，那树越砍越往上蹿，迟疑间，大树突然喷出大火，无边无际，众佛兵都陷在火中，袍甲尽毁，眉毛胡子也起了火，叫苦不迭，不得不再次败下阵来。原来，土在五行中居于中央，调制四方，地生金，金生水，水生木，木生火，最终还归于土。所以土地一身的变化神通，端的是无与伦比。

败兵回奏玉帝，玉帝看情况严重，便敕令南极仙翁率领大群仙官神将，

一路杀将上去。那将军中包括齐天大圣、通天大圣，十分厉害。土地与他们大战。只见他拐棍一戳，将通天大圣打倒，顺势一拉，把齐天大圣拉了一跤。南极仙翁一看急了，催动众神将一起围了上去。土地将拐杖戳在地上，摇了一摇，地动山摇，众神将站立不住，跌落在平地上。土地又将拐杖向空一抛，立时一变十，十变百，化成了不知几万根拐杖，在空中乱撞。众神将急忙驾起云头，四散奔逃。谁知土地摇身一变，整个身体无限高远，却将一切天兵天将都包裹在内。

这一回，天庭颜面尽失，却又想不出对付的办法，不得已只好派人上灵山问佛祖如来。如来这才说道："土地神原是无极化身。没有天地，先有无极。待无极生天化地，两仪才开。有了天地，才有佛祖。就是一切神仙菩萨，有谁不是从地生的？所以，对土地神，只可尊敬，不可冒犯。就是我出马，也是难敌！不得已，随你们走一遭吧。"于是佛祖施无边法力，将土地拿住，装进灵山的火炉中烧死。只是土地神的形体虽坏，灵魂却是不死，且无处不在。佛祖因此派使者游行天下，让一切穷乡僻壤，大家小户，都建起土地庙，至少也立个土地神位。这样，土地庙便遍布天下了。

虽然说土地庙遍建全国，但一方所供的，却是自己当境的主管。朱家角土地神，也是守土有责，对于当地百姓有佑护之责。

"二太子"与他的夫人

朱家角城隍庙北侧的二楼,有一座二太子神殿。

这位二太子,可是朱家角城隍庙恢复以后,信众从别处请来,供奉进庙里的。要问他姓甚名谁,还真没有人说得清楚。

太子,当然是皇帝确定的皇位继承人。旧时皇帝有三宫六院,如果身体健康,一定会有众多的孩子,包括皇子与皇女。皇女一般称公主,而皇子却不能一概称为太子。一般称皇帝已经定下来准备做皇位继承人的才

◎ 二太子与夫人

能称为太子，所以太子都需要经过一个"立"的手续。皇室经常因为立太子的事闹得不可开交。多数情况下，太子都应当是正宫娘娘生的长子，叫"立嫡长"，不得已才另立其他人。像唐朝李渊有多个儿子，本来立的太子是长子李建成。然而李建成与二弟李世民却水火不相容，玄武门之变，李世民杀了李建成，尉迟恭带着李建成被杀的消息去见李渊。李渊为了保住自身，即刻下诏立李世民为太子，是为后来的唐太宗。

清代顺治皇帝的太子即后来的康熙，本来不是嫡长子，似乎没有资格立为太子，但是顺治是生天花突然死的，康熙也生过天花，却奇迹般地活了下来，所以立他便像上了保险——要知道在古代，天花可是严重的传染病，闹一脸麻子还是小事，稍不当心命便没有了，生过天花的人便有了免疫力，不会再生。这种特殊的情况比较少，也是不得已而为之。如果哪个皇帝因为宠爱某一嫔妃，而硬要将她生的儿子立为太子，就叫"立庶"，弄得不好就要出大问题。

不过，民间似乎对皇室的这套继承制度的利害关系不太了解。在老百姓看来，皇帝的儿子就是太子，有大太子，也有二太子、三太子……三太子之名大家最熟悉，《封神演义》中托塔李天王的三儿子哪吒，就叫三太子。那是小说，但老百姓却非常认真地接受了这种说法。在民间，也有其他的神灵被称为"太子"的。有一位唐朝的名臣张巡，在抗击安禄山时城破被俘，不屈遇害，据说他曾获赠太子太保，民间讹为"唐皇太子"。浙江的龙游是信奉张巡最盛的地方之一，数百年间龙游人称张巡为"毛令公"，一年中大多数时间都会抬着他的神像在全县范围内巡游，以求他保佑各村各户的平安。不出行时，便让他住在灵山村的徐偃王庙里，那儿专门建有一个太子殿，就是张巡的专殿。为什么住在那里呢？谁也说不明白，推测下来，可能就是因为他有个"太子"的身份，而当地王爷的庙，可只有这座徐偃王庙——那庙古着哩，徐偃王是西周徐国的国君，国亡后，族人向四方迁徙，其中一支来到现今的龙游县，居灵山村，同时便建其家庙，便是徐偃王庙，唐朝的大文学家韩愈就曾为其立过一块碑，清代兴起的毛令公，便与这位王爷攀上了关系。

朱家角城隍庙里的这位二太子，来历就更说不清楚了。因为不管是历史记载还是当地的民间传说中，都没有找到他的影子，但是老百姓都说他"灵"，于是被请进了城隍庙。根据人们的设想，这位太子一定有一位太子妃，所以必须为他准备一座寝宫。那寝宫布置得非常漂亮，床上的用品一应俱全，而且全部保持光鲜亮丽。那要旧了、脏了怎么办呢？不用担心，自有虔诚的信众来捐新的、漂亮的。

这位二太子，受到当地信众的供奉，在他的身上，似乎特别明显地透出人情味。他入住城隍庙，据说是重建庙宇时香客抬进来的，而抬进来的原因只有一个：他们相信"老灵格"！

◎ 二太子的寝宫

承平雅颂，酬神娱人

旧时的庙宇，是信众烧香拜神、满足精神需要的场所，但其功能又远远超出宗教信仰本身。比如城隍庙本身就是一个劝善的教化场，同时，它还是一个信众欣赏艺术的舞台。人们入庙，鉴赏建筑、雕塑造像和绘画，还经常在里边的戏台看戏，看民间的各类曲艺、杂耍。所以庙宇既是敬神之区，也是老百姓接受教育和鉴赏艺术之地。朱家角城隍庙也是这样。这一点表现最为显著的，莫过于那一座戏台。

朱家角城隍庙

好一座戏台！

　　进入朱家角城隍庙，往神殿里走，必须穿过一座门楼。实际上，这是一座戏台。门楼的过道，正是巧妙地利用了戏台下的空间。

　　朱家角城隍庙里的这座戏台，与大都市里华丽装饰的灯光布景自然不可同日而语。然而，第一，它古老；第二，在现存木结构的戏台中，它特别精致。这种历史和文物的价值，又是后者难以比拟的。

　　这座戏台建于光绪七年，台前石梁刻有"承平雅颂"四字横额，两侧石柱刻有一副对联，上联为"筑斯台悠也久也"，下联为"观往事梦耶真耶"。舞台与藻井的设计更是精巧绝伦，为同类戏楼中所罕见。台中八卦藻井，巧妙利用一百六十个斗拱精心装饰而成，以二龙戏珠盘旋居中，造型别致。

　　斗拱是中国古代建筑特有的一种构件，它如一个个花篮镶嵌在屋檐之下，显得富丽堂皇，丰富多彩。中国古建筑不仅翼角飞翘，造型优美，而且结构精密，稳固耐久，其中就有斗拱的一份贡献。斗拱是两样木质结构的组合，在立柱和横梁交接处，从柱顶上加的一层层探出成弓形的承重结构叫"拱"，拱与拱之间垫的方形木块叫"斗"，二者合称"斗拱"。

　　不断向中心悬挑内缩的斗拱，交织成网状的伞盖形顶棚，称为"藻井"。藻井的中心是一个八角形或圆形的顶心明镜，常绘云龙，最原始的功能是支撑天窗。明代之后，藻井的构造和形式有了很大的发展，极尽精巧和富丽堂皇之能事，甚至成为匠师展现高度精细技巧的地方。常见的藻井形式有八角形结网、四方形结网和旋涡形结网。

　　此外，藻井还和消防有关。古人相信，在殿堂楼阁最高处作"井"，可以防火。后来，藻井在原本防火的作用之外又增加了装饰和表示等级身份

的功能，成为一种具有神圣意义的象征，通常只能在宗教场所和帝王的建筑中应用。藻井内壁可使声音产生混响，令音质更宏润，它还能够最大限度地拢音，拢音后再把声音集中反射出去。藻井一面靠后台，另三面承于步枋之上，步枋与檐桁之间又设茶壶档轩椽。这样，在戏楼里的三个方向都能听得非常清楚，早年间演员在舞台上说话也好，唱戏也好，都是不用麦克风的，全靠这种建筑结构达到扩音拢音效果。

城隍庙的这座戏台，是青浦境内木结构戏楼建筑中的典范，为庙中一宝。

"承平雅颂"

2003年3月19日，当时的国家主席江泽民同志来到朱家角城隍庙，参观完大殿，他缓步走出来，又来到了那座戏台前，欣然朗读了戏台的楹联：

筑斯台悠也久也　　观往事梦耶真耶

陪同人员也不约而同地齐声高呼横批：

承平雅颂

"承平雅颂"这四个字，真是括尽戏台之精髓！人们唱戏，最初的意图也许只是找乐子。拿文雅点的话来说，是看中它的娱乐功能。戏台上下，共同营造了一个大众娱乐的场所。然而，人们唱戏、听戏，又有超出纯粹娱乐的一面，因为看戏是在看人生，是在看演员的技艺，也是在品评戏台上的美丑妍媸。大家会说，哪一位唱得好，哪一场戏特别感人，这便是大众的审美。不仅如此，人们说美丑，又不全以人物的漂亮为标准，《伐子都》中的子都，原型是春秋时的大将，当年是出了名的美男子，但却是玩弄阴谋、在战场上冷箭射杀同袍的恶人，所以在舞台上扮演子都的人都必定要描上代表奸诈的脸谱。铡美案中的陈世美，高中状元，深得太后恩宠，被招为驸马，也算是相貌不错，但人们都会边看边骂，"陈世美"甚至成了忘恩负义、为了荣华富贵抛弃糟糠之妻的代名词。因为这里讲的审美，不仅是形式美的欣赏，更是对内在美的褒奖，这种褒奖，与人们接受的教化有关。所以，在戏剧舞台上，对于什么是美，老百姓自有一套品评标准。民间的娱乐，素来有高低雅俗之分，俗曲小调，又有正与淫的区别。雅、颂二字，本来出自《诗经》，《诗经》中搜集的诗歌分为风、雅（其中又分小雅、大雅）、颂，风是从各诸侯国民间搜集来的，雅大多为士大夫所作，颂则是对祖先和神明的赞美歌颂，只限于祭祀大礼上使用。后来呢，就将文化层次比较高、教化功能较为突出的，泛称为雅颂。所以，在正式的戏剧舞台上，人们希望从中获得高雅的享受。特别是城隍庙戏台，面对神圣之地，更不可将格调低的作品呈现给神明。但是城隍庙里唱戏，也要有些基本的条件，社会太平是其一，经济可承受是其二。兵荒马乱，民不聊生，或者灾祸连年，路见饿殍，不仅没有人来唱戏，有时即使为了祈求消灾而演戏，民众也没有心思来观看。唱戏要找剧团，即使民间的草台班子也得供人吃饭，稍得几个辛苦钱。但在大家都穷得揭不开锅的年头，谁还能拿得出闲钱来？社会稳定，经济正常运转，便是人们所说的承平，承平方有雅颂。

　　改革开放以来，中国日益走上了和谐稳定发展的道路，如今正是承平时节，各类民间娱乐都在恢复，再加上落实宗教政策，动人、高雅而富有教育意义的戏剧才能在城隍庙这个小舞台上重新上演。

朱家角城隍庙

一个小世界

俗话说：舞台小世界，世界大舞台。城隍庙大戏台上演的戏，戏中的故事就来自大千世界，又被浓缩成一场场的戏。

正如戏台上的一副楹联写的那样：

> 筑斯台悠也久也　观往事梦耶真耶

舞台上的演出，看似梦幻，实际在一定程度上是真实的，究竟何者是梦，何者是真，耐人寻味。就拿明汤显祖的临川四梦《南柯记》《邯郸记》《牡丹亭》以及《紫钗记》来说，虽然写的都是梦，却都是人生的写照。

舞台立柱上的另一副楹联则写道：

> 游目骋怀绝胜评花赏月　现身说法勉为孝子忠臣

前一联，相当传神地指出了看戏是休闲，但这一休闲活动与单纯的评花赏月不同。当观众展目观赏戏台上的表演，驰骋胸怀，随着戏中人物的爱恨情仇、悲欢离合而心潮起伏时，就慢慢被吸引，不知不觉如置身事中。那不仅是看风景，评风月，也被感染，被陶冶，涵养了自己的性情乃至人格。

后一联，则说明台上演的节目，都是劝人为善、弘扬正能量的内容。其中"现身说法"一词尤为传神。将历史和现实中孝子忠臣的事迹，编成戏剧搬演给人看，颂扬着他们人格中的感人力量，而与此同时，社会的阴暗面，诸如奸佞、背叛、欺诈、伪善，则被一一地撕开、鞭挞。

都说舞台小世界，世界大舞台，舞台上的戏浓缩了人生中的方方面面。人们在这里接受教化，酬谢鬼神，娱乐放松自己，这都是小小舞台的大大功能。

挽留传统

青浦这地方属于上海,原来是上海郊区的一个县,现在是一个区。人们往往很自然地认为,青浦人的戏曲偏好与上海应当差不多,其实并非如此。

2006年3月,由信士沈先生、寿先生、李先生出资,为了庆祝庙中供奉的二太子圣诞,在城隍庙唱了几出戏。那一次请来的剧团不是本地的,而是来自江苏溧阳;唱的戏呢,也不是上海城里人都熟知的越剧、沪剧,而是锡剧,剧目有《五女拜寿》《后珍珠塔》等。

这在城里的年轻人看来,有点特别。因为大家都知道,上海是个五方杂处的地方,外来的人口中,有苏北盐城一带的人,喜欢听淮剧,靠近苏北沿海的,爱看扬剧。以前,有浙江中西部的人来沪,在上海也一度出现了婺剧——发源于金华、衢州一带的剧种。后来呢,就销声匿迹了。至于越剧,本来是浙江东部嵊县(今嵊州市)兴起的剧种,它的最早起点是民间的"的笃班",一种小戏。20世纪三四十年代进入上海,受到都市文化和新式戏剧的影响,渐次丰满,形成有影响的舞台剧,被称为越剧,或绍兴戏,其实起于嵊县(今嵊州市)。越剧从20世纪五六十年代起,一直在发展壮大,直到现在也是上海的一个大剧种。被称为"国剧"的京剧,虽然在上海也拥有相当大的观众群,但在民间并不太流行。戏剧的盛衰,常与不同地域人口的构成有关,大家较为喜欢的还是自己的家乡戏。但青浦属于上海,为什么不唱沪剧而唱锡剧呢?这未免有些奇怪。

其实,只要了解历史,就不难明白。

青浦原来属于江苏省松江府,朱家角这里,曾经分属于两个县,一是青浦县,一是江苏的昆山县,后来合并为一个行政区,属于青浦县。1956年,原来松江地区的几个县才划归上海管辖。所以从历史上看,朱家角曾

经是江苏青浦县下的一个镇，其文化习俗与江苏南部相差不大，而与上海市中心区稍有不同。划归上海虽已经过半个多世纪，但一地的民风民俗一旦形成，就不容易变更。这一点，笔者在20世纪60年代到上海嘉定农村时，也发现同样的情形。当我问一位会计——算得上是农村知识分子了——广播里放的越剧戏曲好听不好听？他简单地回答，我们还是喜欢听锡剧。一方水土养一方人，一方人有自己的一方娱乐文化天地，它们是民俗，也是历史积淀。

我们说了那么多青浦的戏剧，是想说明，城隍庙的大戏台，是演戏的场所，也是青浦地区文化与历史的折射。

当然，从历史上说，朱家角曾有一半属于昆山，而昆山正是昆曲的发源地，唱昆曲在这一地区也曾是时尚。只是那是明代，清代仍如此，但在民间，其他剧种却随着时代的变化而流行起来，锡剧的时兴也是清代以后的事，这样的戏曲表演前景如何呢？很难说，君不见，随着电影、电视的普及，随着流行音乐的风行，戏剧的观众正在快速地萎缩。不少地方戏正走向消亡，连本地的年轻人，也很少喜欢自己家乡的地方戏。因此，在朱家角城隍庙演出的地方戏剧，既是对地方传统的回忆，也是对传统的挽留。在舞台上重演的，是历史，是文化的积淀，也是传统在新时代的回响。

酬神与娱人

✺ 彻夜狂欢

　　城隍庙里唱戏，经常是通宵达旦。那么，谁在看呢？有时过了半夜，香客和看客，都打着哈欠，累了，睡意挥之不去，干脆回家睡觉去了。空荡荡的殿间广场，却仍回荡着唱念做打，锣鼓节奏。为什么？因为这戏是做给神看，唱给神听的。神明的作息与凡人不同，不必白天工作，晚上休息。如果他们也每到半夜非得眯上一觉，那夜里地方的安宁谁来管？这么一想，酬神戏通宵达旦也就不稀奇了。

　　朱家角城隍庙里演戏，是给"老爷"们看的，当然也是给人看的。给"老爷"看，是为了酬谢神明的恩佑，而给人看，则是对民众生活节奏的调节，对民众精神生活的满足。不管怎么样，在民间，看戏是集体的文化享受，如果谁家有足够的经济条件，请一个班子到家里来演戏，那么亲朋好友都会被请来一起观看。如果某一集镇或村子有戏班子来演出，那么镇民村民们住在其他地方的亲友也会聚到这里来，本地人便有义务一尽地主之谊。所以，请客看戏，是民间交往的重要平台。那么，神灵世界又怎么样呢？

　　中国民间传说将神看成富有人情味的群体，他们一样要交往，要请客，要有集体的娱乐。因此，每当城隍庙里唱戏，那就得将周近寺院、宫观、堂庙里的诸位神明一一请到场。由城隍老爷陪同，朱家角周围的神明们都会济济一堂，聚在戏台前。"老爷"们齐聚戏台前，自然必须与来"轧闹

猛"的凡夫俗子在待遇上有点儿差别。所以在大殿之前，正对着戏台，有一块略高一点的地坪，便是"老爷"们的专座。神灵聚会，人神同乐，于是人在神面前显得不那么卑微，神在人面前也显得不那么可怕和严肃了。

伴随城隍出巡的街头曲艺

刚才我们说了在戏台上演出的情形。戏台上唱的戏，大多是表达吉祥愿望的剧目，同时，人们用以酬神的还有诸多的曲艺、杂技、乐舞。这些常在神明诞辰、出巡的时候演出。

这些神明，包括城隍老爷，也包括本地供奉的三官大帝。

朱家角镇北泥河滩有座三官堂庙，农历七月廿七是三官神诞，据传从清朝年间开始每年都举行庙会，也称"泥河滩香汛"。庙会的前一天，远近香客、乡民、商人都摇船来到朱家角，停泊在东市梢市河中过夜，其中以松江人居多，晚间镇上灯火通明，通宵达旦。

正日那天，到三官堂进香的人如潮涌。上午，宗教信徒自发组成社班，抬着神像"出巡"，也称出会、行街，人多时有数百人。出会时，镇上人山人海，驻足观看助兴。队伍鸣锣开道，吹打、丝竹随后。最令人感叹的是扎肉提香队，参与者用钢针弯成钩状，穿透手臂表皮，并排数只钢钩，钩上吊着泥塑佛像、花篮，甚至有吊铁香炉、大铜锣的。这样忍痛行街，以示自己信奉神灵的虔诚。后有舞龙、舞狮、拜香等队伍。拜香队中各信徒手捧香炉、木鱼，口中念念有词，以表自己的忠心或对神的祈求。行街队伍过去后，不管是参与者还是观看者，马上涌到漕港河两岸、放生桥上，观看当日的摇快船和拳船表演。

泥河滩庙会为什么会以松江人居多，而且当地人有"轧松江"的说法呢？传说在清初，松江府华亭县某村，有一少年是三房合一子，却大病缠身，辗转求医无效，已病入膏肓，危在旦夕。忽然有一天，村里来了一位身穿道袍的道长，精神矍铄，一副仙风道骨模样，口中念念有词，说能治疑难杂症。病家一听，忙不迭请他到家来，为少年看病。道长诊视后，给少年喂了三颗灵丹下肚，顿时病状消失，神清气爽，竟霍然起身。道长要告辞，病家哪里肯放，道长执意要走，病家只好请他留下姓名，道长说道："七月廿七早晨，在昆山井亭港泥河滩相见。"说罢化作一道清风而去。病家知道遇到了仙人。于是到七月廿七，全村老老少少都摇船赶到泥河滩，准备叩谢救命之神。到了泥河滩，却见这里设有三官殿，供奉的老爷容貌竟与那救命道长一模一样。消息在松江传开，从此每逢七月廿七松江人都要到泥河滩三官堂叩拜老爷，后来泥河滩上殿宇坍圮，松江人七月廿七到泥河滩圣地敬香叩拜的风俗仍保留了下来，这便是镇上的"轧松江"之说。

摇快船比赛的习俗在清初逐渐形成，有人说要早于泥河滩庙会习俗。比赛由朱家角周边的农民参与，各村都有代表船，船前艄插着艄旗（本村的标志旗），后艄当中是大橹，橹柄有碗口粗，需三四个橹手并排摇橹。中橹、小橹在船身左右侧，装在横伸出去的跳板上，橹手站在跳板上摇橹，扯篷人站在跳板上，用力时臀部都浸在水里。三橹同心合力"推艄""扳艄"，快船好像离弦之箭，破浪急驶。橹手未及力乏，早有第二班顶上，十多人奋力拼搏，以拔去前面快船上的艄旗为胜。比赛时，漕港河中的快船你追我赶，百舸争流，场面恢宏，气氛热烈。

朱家角还以"拳船"表演著称，其中张家埭拳船最有名气。拳船上，精壮勇士穿红着绿，分坐在船舷两侧，中舱两旁插满各类长短兵器。拳师轮流到船头练武献艺。身怀绝技的拳师们在不足二三平方米还摇晃不停的船头上舞剑、掷枪、耍刀、弄棒，传说张家埭拳船曾在将过放生桥桥洞时掷出钢叉，让钢叉飞过桥头上空，船过桥洞时再接住。表演时，放生桥上人头攒动，漕港河两岸人山人海，勇士们精神饱满、淋漓尽致的表演，引起欢呼喝彩声此起彼伏。这一年一度的盛大节日，在朱家角人心中留下不可磨灭的印象，至今记忆犹新。

每年七月廿七的庙会和摇快船比赛，给朱家角镇的各行各业都带来商机。从庙会的前一天开始，东市街、庙前街、大新街、北大街上的游人就已经摩肩接踵了。镇上的商家、小贩和外来的商人，都争相设置临时摊位，

变戏法、西洋镜、小热昏等各色杂耍的艺人，已预先在城隍庙庙场等开阔地段圈地搭场子招徕观众。七月廿七庙会在行街、摇快船比赛结束后，人们都涌到镇上游玩、购物。

朱家角城隍庙也有"香汛"，一般农忙之前，农民为祈求风调雨顺、五谷丰登，也会举行老爷巡游行街的仪式，情况和泥河滩庙会差不多。

每逢庙会，商家早早就作好准备，推出货佳量足的自家特产。涵大隆、义成泰的玫瑰乳腐、日晒酱油、豆瓣酱都名声在外，特别好卖，有的游客整甏整罐地搬到船上，甚至乳腐卤也热销；铁店里的铁镰刀也是热门，特别是松江人，左邻右舍相托带买，每人都要买上一二十把；震大隆席草名声在外，这一天往往打出优惠牌子，更吸引了游客争抢选购。咸货店、衣庄、绸布店、茶馆、饭店、酒肆，不论大小都顾客盈门，俗语"珠里兴市"，概括了朱家角镇庙会和商业繁荣的关系。

朱家角每逢正月十五元宵节，八月十五、十六日或有重大喜庆，都有灯会，俗称"出灯"。和摇快船不一样，出灯是由镇上工商界联合发起参与的活动，最积极的组织者称为"灯头"。灯头的组织方法也很有趣。出灯前几天，他会扛着一根树枝，在街上兜转，一家家店铺去问是否参加出灯，锲而不舍地耐心动员。如果见他在树枝上搭了一个"鸟巢"，就表示组织成功了。元宵节那天，镇上"长街十里，店铺千家"，家家门前都悬挂彩灯，游人在白天一边逛街一边赏灯，煞是好看。高潮在晚上，各店家提着代表本店的各式彩灯行街，镇民和游人伫立街边观赏评点。20世纪40年代又兴日式出灯。就是各商家白天派人提着彩灯行街，彩灯造型别致、制作精美，以此攀比。有用珍珠串成的各式彩灯，有银丝绞花灯、水晶玻璃灯、戏名灯。有的商家老板还将价值连城的古董让人抬出来供大家观赏。日式出灯也穿插打莲湘、踩高跷、调龙灯等活动，不比夜式出灯逊色。

庙会（行街）、出灯（灯会）在新中国成立后渐渐演化成各种形式的健康的民间文艺表演：摇快船演化成民间水上运动项目，制作各式彩灯演化成民间灯艺，这一切都传承了朱家角镇的风俗，在传统节庆时频频出现，仍旧是吸引镇民和四方游客的亮点。

《跳财神》《跳加官》都是民俗舞蹈。本来财神和象征赐福的天官，不是同一个神，不过，民间却不太刻意区分。所以朱家角的跳财神与跳加官是一支舞，实际上都是跳财神。每逢农历正月初五到正月十五之间，民间的艺人们便走街串巷挨家挨户或行街列队表演。他们身穿蟒袍，头戴官帽，脚穿皂靴，腰系玉带，向人们作揖，道恭喜发财。左手提袍角模拟从天上招来财宝，送进家门，这个动作叫"招宝""送宝"，然后向主人"恭贺新禧"，再用袍角在室内掸东掸西，又到门口外抖抖拍拍，算是扫掉晦气，迎进财气。舞姿虽简单，但富有民间传统喜庆色彩，符合当时群众及商业界人士盼望致富的心态，所到之处备受欢迎。在表演时还配有锣鼓，节奏跳跃性很强。

这样的表演，本意是想讨点小赏钱。要知道，正月里人人都希望吉祥如意，说话要讨口彩，还有许多禁忌。别人向你祝福，总要回他个小利市，于是一个个小红包就到了表演人的手上。只是在民生多艰的岁月里，利市钱十分有限。

改革开放后，跳财神舞又开始流行。服装不变，艺人们改用双手捧着大大的金元宝道具。在舞蹈时有音乐伴奏，金元宝道具中间是空的，装有不少糖果，演出到高潮时，"财神"向观众抛撒糖果，以示降福。该舞在节日庆典广场演出和行街活动时很受群众欢迎。

另一种与酬神活动有关的舞蹈，叫拜香舞。

拜香舞分有文拜香、武拜香两种，都属于民间祭祀性舞蹈，文拜香俗称"报娘恩"（唱报娘恩词而得名）。凡是有庙会活动，就有文拜香，因为它形式简单——很虔诚地手持香凳，边敲边念边拜菩萨，所以参加人群较为广泛。武拜香则要有一定的武术功底，舞蹈动作比较复杂，每一套动作都有几个难度较高。

传说文拜香始于唐代，其实是不大靠得住的。据《中国民族民间舞蹈集成·上海市青浦县分卷》记载，大元帅薛仁贵之子薛丁山征西，与樊梨花结合，因误会而三休樊梨花，樊梨花只好重返樊江关。薛丁山在征西战场上屡屡败北，无奈之下只得回去求樊梨花共同作战。是时，樊梨花正在为

先父守孝百天，不肯出兵，于是提出条件：如果一定要她出兵相助，必须由薛丁山亲自率童男童女，焚香三步一拜，一直拜到樊江关，让樊梨花父亲在天之灵早日安息，方允出兵。唐营为了不失战机求得良将，答应了樊梨花的条件。薛丁山三请樊梨花，途中拜香上关，以平三休之气，最后樊梨花出兵，大获全胜。"文拜香"即由此而来，从那时开始，这种形式逐渐延伸到庙会中来，并编写报效娘的恩情（即报娘恩）的词句，边念边拜菩萨，祈求菩萨降福于人间。

征东、征西这些名堂，基本上是因说书人的话本和戏剧舞台上的表演才广为流传。真实的历史，似乎相差十万八千里。老百姓对于历史的解释，往往是凭自己的经验以及各种流传的故事。只是他们唱的报娘恩，倒是流传了不知多少年的古诗。在敦煌的文书中，就发现了一种叫《十恩德》的曲子，是和尚们在讲经之前，为了吸引听众注意力而进行的表演。那词儿，大约是唐代的作品，可见由来已久了。《十恩德》讲的是父母对于自己有十种恩德，必须牢记。和尚们信奉的佛教，本来以跳出红尘、出家修行为号召，所以历史上一直有人攻击他们不忠不孝。但不知从什么时候起，佛教也来宣传报娘恩了，俨然是劝孝的宣讲队。这是它在中国化的过程中发展出来的。通过这样的讲唱，报娘恩的观念更加深入人心，再加上舞蹈表演，对老百姓的教化作用就更强了。

"武拜香"活动主要是在青浦重固地区，据说是为了纪念重固的抗金名将刘活宝。刘将军在战斗中由于寡不敌众，退至青龙塔下，不幸遭杀害。为纪念他，八月二十八日会举行庙会。所抬的神像据说就是刘活宝，人称"北猛将"，后来刘活宝弟弟也遭金兵杀害，人们在重固镇也建庙纪念，人称"南猛将"。我们在前面说过，猛将神在环太湖地区有很广大的信众群体。历史上是不是真有一位刘活宝姑且不论，但他和刘猛将又怎么扯上的关系？恐怕也是民间的创造。人们总是把自己崇敬的人当成神，又将他与最有威信的原有神明附会在一起。在庙会上，人们把南北猛将抬出来放在一起，兄弟相会，用拜香来纪念。这兄弟俩都是武将出身，所以叫武拜香。朱家角地区没有这项活动，在庙会活动时偶尔会邀请重固地区的武拜香队

来镇上表演。

　　这些民间的文艺娱乐活动，以往常与对神灵的祭拜、酬谢黏附在一起。因为在古代，民间很少有纯粹的文化活动，只是趁着祭神的机会，聚一聚，演一演。中国古代祭神的集会，最普遍的是祭土地神，称为"社"。祭的活动，称为"社会"，活动中的各种杂耍、舞蹈、戏剧故事，统称"社火"。以后的庙会越来越多，各类表演也愈益丰富。文武拜香，只是其中的一项。从它们的来源可见，我们今天的人们，倒是要感谢神明的。正是有了对神明的祭拜酬谢，这些民间的表演艺术才得以附着并流传不息。当然，创造这些艺术表演的天才，都是民间的老百姓，酬神娱神，从根本上说，也还是娱人。

高悬的大算盘

朱家角城隍庙大殿的门上，高悬着一张大算盘。形式和日常用的算盘差不多，但非常巨大。那么，在大门上高悬一张算盘，到底有什么用意呢？把算盘挂在门上，又要如何使用？

殿前一景

朱家角城隍庙的大殿门上,赫然挂着一张大算盘。

大算盘占据了殿门上方,十分显眼。说它显眼,首先当然是个儿大。算盘有十七档,比一般学生上学用的算盘大得多,一般商家柜台上的算盘也远远无法相比。这算盘是红木做的,分量超过三百斤,要是让人搬,恐怕难以找到能搬动的大力士。要是放下来,长度超过成年人的身高,宽度也有半人高。如果要使用,谁都没有办法用手够到最高的那粒珠子,也没有能耐不移步而拨到两旁的几档。看来,这算盘挂

◎ 大算盘

在那里,对凡人是显示,只有神仙才有可能使用——城隍老爷管着地方阴阳二界,找几个想来是不难的。

算盘虽大,但形制与一般的算盘差不多。每一档上面两个珠,下面五个珠,只是所有珠子的位置都是固定好的。使用方法应该也与寻常的算盘一样。那么,我们就按普通算盘的规则去数,可以发现,这大算盘上标出的算珠数字是"66601234567890888"。对这组数字的含义,众说纷纭。有

人认为头三位为"6"，寓意"六六大顺"，尾三位为"8"，意为"八方平安"，中间的数字则意味着"九九归一"，可备一说。

这大算盘的尺寸虽然特别，但似乎用途跟寻常算盘没有什么不同，也是一个计算的工具。

然而再一想，在这大门上悬一个大算盘，难道就没有别的用意吗？这么大一个算盘挂在门上，又要如何使用呢？

商家算盘和道家算盘

☯ 算盘的故乡

说到算盘，中国人恐怕都见过。以前的人在小学阶段都上过珠算课，没有接触过算盘的人真是不多。不过，现今电脑普及，这算盘的功能也不那么重要了，大概也到了功成身退的时候。以前不会打算盘做不了店里的伙计，有人夸耀算盘能手打算盘计算的速度，足可与计算机媲美。对商家来说，大柜台上的算盘是不可或缺的器具，总是与秤相伴相依。尤其是中药铺子，大夫开的方子，常是一帖方子有多味药材，每味药材的价格各不相同，要算出一帖药该付多少钱，就得费一番周折。这时只听到噼噼啪啪的算盘响。

说到算盘这玩意，那可是咱中国人的大发明，大约出现在宋代之后。更早的唐代还有另一种计算工具——算筹，算筹这玩意儿，对现今的人们来说已经很陌生。但在我们老祖宗留下的一些词汇中，还可依稀看到它的痕迹。汉初刘邦总结自己成功的经验，就是善于用人。汉初有萧何、韩信与张良，号称三杰。他评价张良："运筹帷幄之中，决算千里之外。"这运筹，原本的意思就是计算，而这计算的工具，就是算筹了。算筹是一根根的小棒，多根算筹合成算式，运用算式就要移动"筹"，便叫"运筹"。推而广之，凡是策划、运用计谋，都可用"运筹"来表达。那张良能在帷幄之中谋划千里之外的战事，实在是高明至极。不过，这里说的还是谋划，不一定是真的计算。

说到计算，还真有能够运筹如飞的高人。据说，天台山有一位高僧达真，以善于计算出名，他不仅加减乘除精确无差，而且还能算出吉凶及其他征兆。一位著名的高僧、天文学家一行闻名来寻他学算，来到庙外时，他正算得起劲，不想突然心动，冒出一句"一行到此水西流"的预言，出门一看，正是一行到此。而且，原来往北流的溪水，此时突然改道往西方流。至今，在天台山国清寺的小溪边上，还立有"一行到此水西流"的牌子，让人们重温这一故事。这位大和尚，可能还是盲人，但用手扪筹，运筹如飞。从这一故事，我们可以了解到，运用算筹，在当时是了不起的计算方式。中国古代的数学，精于代数，与西方重几何不同，而且像测量、面积等几何问题，中国古代都以代数方式加以解决。

中国古代对于天文观察十分精细，这就需要精密且大量的计算。中国人很早就对天文观察达到十分精确的地步，与之有关的历法，也在很长时间里领先于世界。还在汉代，中国人已经算出一年（即地球环绕太阳公转一周的时间，称为太阳年）有三百六十五又四分之一天，领先于欧洲一千多年。南北朝时，祖冲之已算出圆周率在 3.1415926 至 3.1415927 之间，也大大领先于世界，以至于有的外国科学家建议，将圆周率命名为"祖率"。这些科学成就，都说明了中国古代计算技术的先进。而我们要记住，在唐以前，我们的老祖宗所使用的计算工具，就是那些不起眼的小木棒——算筹！

古代中国在世界历史上也算经济较早发达繁荣的，经济上的需要，特别是中央财政中大量的粮食经费的计算，需要较好的计算工具。再者，中国自古是一个农业大国，水利、桥梁、大型的公共或私家建筑建设都要用到大量的测量数据，所以中国人对于计算工具的重视、改进以及新的发明创造，更比世界上其他国家来得专注。

算盘，就是一项重大的发明。

有人说，算盘在东汉就出现了，确有文献提到，但没有看到考古学上的证据。一般说来，可以肯定，到了宋代，中国已经广泛使用了算盘。著名的《清明上河图》中还画了算盘呢！算盘是比算筹更高明的发明，在计算工具的发展史上有划时代的意义。比起算筹来，至少具有便于携带的优

点。随身带着一张算盘，跑到哪里都能使用，算盘珠嵌在算档之上，运算的速度也比算筹更加快捷，且不易出错。中国宋元时代的数学水平远远领先于世界，与算盘的发明有无关系，没有研究，不敢乱说。不过算盘的发明，极大地提升了中国人的计算能力，而且随着商品经济的发达，它也提供了一种生活中重要的工具。

算盘发明后，马上应用到各个领域，商家不用说，就是一般人家，要算个数，核对一下收支账目，都得拨拉这算盘珠儿。应用广，适用于不同场合，算盘也便大大小小，形态各异。平时看到的算盘是长方形的，也有其他形状的，只是很少见；多数算盘是木质的，也有用铜合金的；有单独出现的，也有附着在其他日用品上——最常见的便是附在水烟筒上的。原来，大约从明朝时西方人发现了美洲，美洲的特产玉米、马铃薯、花生、烟草等也传到了旧大陆，再经西方人之手传到中国，吸烟便流行起来。中国民间最普遍的吸烟的方式有旱烟和水烟两种。有人认为旱烟火气大，让烟在水中走一圈再吸到嘴中，便好去掉些燥气，于是吸水烟。一般水烟筒都是铜做的，实际上用的是铜合金。水烟筒对主人来说，是走东走西不离手的伙伴，聪明的工匠便把算盘做成小配件固定在烟筒上，主人跑到哪儿，需要算数，随时可以拨它。行商到处跑，有烟瘾的，在拿着水烟筒呼噜噜大吸时，又能顺手加减乘除，岂不快哉！当然，比起店铺中常用的木算盘，水烟筒上的铜算盘要小很多，不是用手指而是用水烟筒疏通烟道的针来拨动。用今天的话说，便是彻底的迷你型算盘。

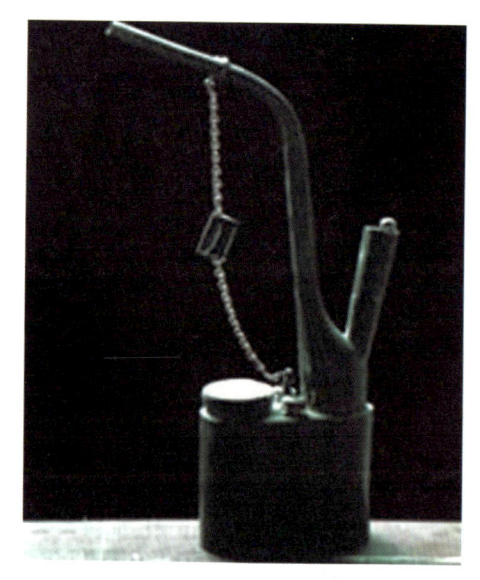

◎ 水烟筒上的算盘

☯ 道家算盘的特殊性

尽管算盘的故乡在中国，但它可以适用于不同的场合以及不同的人群中。从根本上说来，中国的古人发明算盘是以实用为前提。人来客往的店铺的柜台上放上这样一个算盘，无疑比容易弄乱的算筹方便得多了。至于行商，为了收购、转运总要四处奔走，有了这样一张算盘，自然也大为方便。所以，徽商的发源地之一江西婺源，便造了一个特大的算盘。

在日常生活中，人们见得最多的使用算盘的场合，莫过于各种各样的商铺，从中药铺，到南货铺，还有布店、钱庄，买卖越细琐，价格越贵重，算得越是仔细。于是，有人根据自己的生活经验，对城隍庙里的大算盘做出这样的猜测：是城隍老爷在帮大家精打细算呢！这看似合乎逻辑，实际上却是大错特错！

城隍庙中高悬的大算盘，不是用来算生活收支、求盈利防亏损的，而是用来计算人的善恶功过和报应的。

要想弄明白这一点，须得回顾道教所谓报应的理念：人的善恶功过和其结局、下场的关系都可以计算的，拿今天的话说，就是可以量化。

晋朝葛洪就在他的书里说过，天上有专门记录人们的内心与行为善恶的神明，根据人的行为决定他以后的祸福。冥冥之中一定有一本簿子，记下人的善恶功过，看是功大于过，还是过大于功，然后决定要怎么处置他。葛洪用的还是算筹，而算盘发明后，便用上了算盘。

在民间，公认赏善罚恶最有代表性的神灵，莫过于雷公。传说，谁要是做了恶事又不思悔改，那么最直接的报应就是遭天打雷劈。有一出戏叫《清风亭》，又叫《天雷报》，说的就是一对贫穷老夫妻，生养了一个儿子，这儿子倒也有出息，进京赶考还高中了，但是他嫌父母穷，另攀高枝认了父母不算，衣锦还乡的途中，碰到亲生父母却不认，反而逼死老母亲，老父气得当场撞死。突然乌云密布，雷电交加，将不肖子劈死在清风亭前。戏中的劝诫向善之意自不用说。因为民间相信雷霆有赏罚的功能，至宋代

出现一种五雷正法,而五雷正法中,有大批的雷部神将应召服役:主帅邓天君,使者张珏,还有一个判官姓辛。为什么要有一位判官?因为人间的善恶,必须弄明白,才能施报应。有的人或有的官,好事也做一点,坏事也做一点,到底是好是坏,就得看他哪一种事做得多,才能定下果报。雷法中的判官,要想算清事由,必须得有一个计算的工具:算盘。所以呀,那雷部判官也执着一张算盘,先算清了账,再下判判!善恶功过,先要算个明白。这判官,便是冥界的法官,不仅雷部有,城隍老爷属下也有。《聊斋志异》中不是写过一位陆判的故事吗?想来城隍神与他的下属,必定精于计算人间的善恶。

城隍庙里的算盘,正是一种计算人的是非功过的器具。

值得注意的是,也不是什么庙宇都会挂上大算盘,供奉高级别的神道如三清、玉皇的庙宇里基本上看不到算盘,在主管阳事的神道殿里也基本上没看到过算盘,只有在管阴间事或兼行阴阳两界的神明殿中,经常出现算盘,比如北京东岳庙里就挂着一张。在城隍庙中,也经常会发现大算盘。这是什么缘故呢?原来人们相信,除了成仙成佛的人之外,人们死后迟早要到阴间报到,届时会有怎样的结局,都记在善恶因缘簿上的,起着决定性的作用。况且,城隍神对于地方事务有直接管辖的职责,地方的事件,都通过他呈报给天庭和地府。《太上老君说城隍消灾集福妙经》明确说:

◎ 水陆神全

"下方生人，皆由城隍申奏，定数不差。"这一经前面的《开经偈》说：他"统辖大兵巡世界，赏善罚恶日同明。正直公忠判生死，祸淫福善阐威灵"。

由此可见，城隍神监督巡察人间善恶的功能，比其他的神道更直接，挂上那一张大算盘，正是将他的职责昭告天下。

朱家角城隍庙

"千算万算不如老天一画"

对于城隍庙门前的大算盘，有的人不明就里，望"盘"生义，以为这是表示城隍老爷在为老百姓的生活精打细算的意思。尽管城隍神确实有为地方百姓造福的职责，然而，他老人家又要管着阴间事务，又要管着老百姓的具体生活，岂不太忙了？其实，城隍要管的事务都是地方上的大事，燮理阴阳是大宗，惩恶扬善也同样重要。民间都相信《太上感应篇》中的话：祸福无门，唯人自招。善恶之报，如影随形。所以呢，关键在于自己的行为是否符合道德的要求，不应过多算计。

这一点，当时陪同江泽民同志参观城隍庙的青浦区委书记钟燕群领会得相当准确。当时，江泽民同志看到悬着的大算盘颇为独特，他饶有兴趣地观看着，钟燕群手指算盘介绍说：

人有千算，不如天有一算。意为做人要心胸开阔，不能算计别人。算来算去，终究算了自己。要多行善事，则福在其中。

钟燕群的这一介绍，道出了在城隍庙里城隍老爷的大殿门上悬挂一大算盘的真谛！

道家不是一个禁欲的宗教，也不是逃避现实的宗教，相反，充满了对人的关怀。历史上，凡是国家、民族有难的时候，道家的人物总是挺身而出。用道家经典的话来说，就是要"持盈定倾"，就是当国家发展出现盈满的状态，到了《易经》中讲的"亢龙有悔"的时候，提醒大家不要自以为平安无事，看不到即将到来的忧患。国事一旦真到了"倾覆"的地步，就要想办法将之重新恢复过来。春秋时期，范蠡就是用这样的办法，帮助越国战胜了吴国，一旦功成事遂，自己就赶快退隐江湖。汉代的政治与社会生活中，少不了张良、萧何、曹参等道家人物的身影。

然而，道家讲的"持策而筹之"，前提是要合乎天道。《黄帝阴符经》首句"观天之道，执天之行"是基本的准则。要合天道，就必须行为合乎伦常，举措不违背自然的规律。然而，人们的内心，常会被各种非分之想所占据，难免会犯错误。犯错误并不是最致命的，致命之处在于犯错而不改。

在这里，我们可以向大家介绍一下中国台湾地区的首庙天坛（又称"天公庙"，即玉皇庙，庙在台南，因为是最早建的天公庙，故称"首庙"）中的一块匾，那匾当中只大书一个"一"字，周围又写着若干说明性的小字。此匾是台湾三大名匾之一，号称"'一'字匾"。这一大书的"一"字，意在告诫人们：千算万算，不如老天一画。人算不如天算，若是为了一己私利，机关算尽太聪明，反误了卿卿性命。

◎ "一"字匾

那匾上的小字，是对这"一"字的注释：

> 世人枉费用心机，天理昭彰不可欺。任尔通盘都打算，有余殃庆总难移。尽归善报无相负，尽归恶报谁便宜。见善则迁由自主，转祸为福亦随时。若犹昧理思为恶，此念初萌天必知。报应分毫终不爽，只争来早与来迟。

这几句话，十分传神地展现了民间恶有恶报、善有善报的观念。为善

为恶，当然不是别人强加给你的，而是自主选择。天理昭彰，想欺天昧良心的，再算计也没有用。中国古人认为，作恶不仅自己要承担后果，还会损害家族的整体利益。积善与行恶，其后果会在家族中传承。这正是易经中讲的"积善之家必有余庆，积不善之家必有余殃"的道理。上一辈子作的孽，子孙后代仍脱不了恶报的阴影，而行善的，子孙后代即使遇了险，也还有人伸出援手，将他们拉出泥淖。这一说法，有人相信，也有人不相信，但是老百姓中相信的还是大多数。例如环境污染，遭到"报应"的不仅是当代人，子孙后代也跑不掉。

"一"字匾上的注释，实际上也是对城隍庙中大算盘的解读。不过，这大算盘的设置，其背后的意义还要复杂得多，丰富得多。

劝善与惩恶的数学模型

❂ 善恶功过能量化吗？

大算盘的功能已经大致弄清了，但是细心的读者可能会问：你说计算人的善恶功过，那么怎么对人的行为的善恶加以量化呢？它们能够被量化吗？这个问题，道门早就做出了探索。

原来，道门中早就创造性地采用了一些将道德行为进行评估量化的方法。葛洪认为人的恶行会"夺算"，算尽则死。算，就是算筹，在这里指人的寿命，是在个位数上拿掉一根筹码，一根一根地拿，拿到无可再拿，便是算尽，寿命归零了，还能有什么活路？坏事做多了，必遭受到严惩，至于具体到每一类的行为该扣几根筹，又有哪些加分的善行，每一种又加多少，葛洪没有说。到了唐宋以后，这样的量化工作就越做越细了。宋代有人将这一做法称为"功过格"，具体方法是像记日记一样，将每天做的善功，折合成分数，一一记下，将犯的错误也折合成分数，一一记下，两者相较，便可看出今天的行为是善功多还是错误多。一个月后小结一下，一年满了算个总账。如此这般，便可以知道自己的修养如何，功行如何。如果过大于功，必须痛改前非；功大于过，则修行方向正确，以后还须坚持。除了这样一种有明确分数的日记式的做法，还有一种更加简单的做法，是放两个小罐子，如果做了好事，就在一个罐子中放一颗白豆，做了不好的事，就在另一个罐子中放一颗黑豆，到了月底两相比较，看是白豆多还是黑豆，以此来评价自己这一个月的功过。

《太上感应篇》说："祸福无门，唯人自召，善恶之报，如影随形。"认为人的行为与祸福之间存在着因果关系，这一关系，显然是长期以来流传的天人感应观念的表现。"天地有司过之神，依人所犯轻重，以夺人算。算减则贫耗，多逢忧患，人皆恶之，刑祸随之，吉庆避之，恶星灾之。算尽则死。"所以《太上感应篇》的办法，是用神道设教的老法子来使人敬畏，让人接受和遵守后面提出的一系列"善"的规范，抵制"恶"的行为，这一点，和儒家的主张基本是一致的。俞樾就认为：

"古之儒者推天人相应之理，明福极不爽之报，使自天子至于庶人，皆恐惧修省而不敢为非，其意图甚善也。后儒不信其说，而劝诫之意微矣。"（《太上感应篇缵义》）

善有善报、恶有恶报的思想，古已有之。汉代董仲舒的天人感应学说，主要说的是帝王的行为与天的交感。天是"百神之大君"，能赏善罚恶，有喜怒哀乐，这种思想笼罩了东汉的经学。汉代出现的道教就吸收了这种思想，并且将各种各样的天神具象化了。道教又发展了那种天人交感思想，儒学则逐渐恢复了理性主义的传统。然而实践经验表明，用神道设教、天人相感的办法来推行封建规范，与理性的教育可以相伴而行。所以，宋理宗特别推崇《太上感应篇》，后来惠栋、俞樾的肯定基本上也出于同一考虑。

同样有意识地向社会宣传推广的，是道教的《阴骘文》。这类文章篇幅不大，文字通俗，基本上是一些处世格言。

《阴骘文》以劝人"修善修福"为目的，提倡"凭心地行时时之方便，作种种之阴功"。至于它所谓的"善"，具有鲜明的时代与阶级烙印。

如果说《太上感应篇》与《阴骘文》借助神道设教提出了一系列道德规范，那么《功过格》则提供了一种将善恶行为量化、折算为功过之量的修养方法。前两种善书尽管提出了很多具体的规范，毕竟还只是教条，《功过格》则为教条内化为个人的行为习惯提供了一个操作规程。如《太微仙君功过格》是这样说的：

> 凡受持之道，常于寝室床首，置笔砚簿籍，先书月分，次书日数，于日下开功过两行，至临卧之时，记终日所为善恶，照此功过格内名色数目，有善则功下注，有恶则过下注之，不得明功隐过，至月终，计功过之总数，功过相比或以过除功，或以功折过，折除之外者，明见功过之数，当书总记讫，再书后月。至一年则大比，自知罪福，不必问乎休咎。

它说的有功的事范围很广，大致说来，一部分是道教的符法治病等活动，另一部分是符合当时社会公德及封建伦理规范的善行。这里举些例子：

> 以符法针药救重疾一人为十功，小疾一人为五功。如受病家贿赂则无功。治邪一同，凡行治一度为一功，施药一服为一功。
> 传一符、一法、一方、一术，令人积行救人，每一术为十功。如受贿而传，或令人受贿，则并无功。
> 传人保益性命、符法、药术等每一事为五功。如受贿而传为一功。

传符法，即用符或其他方法为人治病，都是功。但是，这些功都必须是无偿的行为，如果是有偿的，则没有功可言。即使自己没有直接索要钱财，但暗示别人给钱，也是讨要。这些规定说明，"功"必须建立在公益、无偿的前提下。今天讲奉献，其实也是类似的概念。若是有偿的行为，拿了工资，或者别人的谢金，最多只是你贡献了劳动或智慧，靠它赚到了钱。是等价交换，合理合法。但与无私的奉献相比，在道德层面上还是有差距的。拿《功过格》的标准衡量，两者恐怕还有很大的差距。

功过的大小，要看行为对象的价值、最终的结果。比如面对"人"，行为的实效如何，就决定了功的大小：

> 救一人刑死性命为百功。免死刑性命一人为百功。减死刑性命一为五十功。救人徒刑为四十功。免人徒刑为三十功。减人徒刑为二十功。救人杖刑为十功。免人杖刑为八功。减人杖刑为六功。救人笞刑

为五功。免人笞刑为四功。减人笞刑为三功。救为非自己主事得门竭力救之是也。免谓自己主事特爽原免者是也。如依法定罪则无功。如私家减免婢仆之属，同此论功。

救人性命当然是大功，而帮助减轻对人体的伤害，也是大功。这里提到的一些刑罚，是在中国古代尚未废止肉刑的特定条件下的情况，但是其救人的用意，至今仍有价值。这里的功，也有一个前提，就是要合乎法律，本来此人不应当判死罪，如果谁要冒功说他本要判死罪，现在不判，是我救的，那就算不得有功。判错了，经过努力加以纠正，才算是功劳。最后那一句，也是在古代社会特定情况下而言的，现代社会里没有奴仆婢女，但也有身份平等的家政服务人员，对这些人不苛刻，真的做到平等，却也不是每一位东家都能做到。从这个意义上说，还是有其现实意义。

不但救人，救助一切生人以外的命，也算是有功。救济贫穷潦倒的人，与救助动物同功，大约是道门慈心接物和佛教众生平等思想的表现。

救有力报人之畜一命为十功。谓驼、骡、牛、马、驴畜等。救无力报人之畜一命为八功，谓山野禽兽之属，虫、蚁、飞蛾、湿生之类一命为一功。

赈济鳏寡孤独穷民百钱为一功，贯钱为十功。如一钱散施积至百钱为一功。米麦币帛衣物以钱数论功。饶润穷民债负，亦同此论。济饥渴之民一饮一食皆为一功。

济寒冻之民暖室一宵为一功。

救接人畜筋力疲困之苦一时为一功。

葬无主之骨一人为五十功。施地与无土之家葬一人为三十功。若令出备租课则无功。埋藏自死者走兽飞禽六畜等一命为一功。若埋藏禽兽六畜骨殖及十六斤为一功。

当然，有功的善行，还包括一般意义上的修桥补路等更易做的好事：

平理道途险阻及泥水陷没之所一日一人之功为十功。若造船桥济渡不求贿赂者所费百钱为一功。一日一人之功为十功。

至于"夺算之过",包括自己直接干的坏事,也包括教唆别人干坏事:

教唆人官门斗讼死刑为三十过,徒刑为二十过,杖罪为十过,笞罪为八过。
教唆人斗争一人为一过。
教人为不廉、不孝、不义、不仁、不善、不慈为非作过,一事为一过。

教唆人犯罪,无端挑起诉讼,挑拨离间让人相互恶斗,自己站在一边看着乐,以及教唆人做不合道德的事,都是很大的过错。

不仅如此,自己不跟着好人贤人学,了解了某人是贤人,有条件举荐却不作为,也算是过:

见贤不荐为一过,见贤不师为一过。见明师不参授典教为二过。不依师之教旨为十过,反叛师长为五十过。违师教公为三十过。尊长父母同此论。
良朋胜友不交设为一过。

见穷不救是过错,如果再加以凌辱,那就是更大的过错了:

穷民不济为一过,复加凌辱一人为三过。

偷盗,在任何时代都是过错,严重的还要判刑。不仅偷是错,一切非法占有别人财物都是过错,包括借债不还:

偷盗人财物或教人偷盗百钱为一过,贯钱为十过。若见偷盗不劝为一过。赞助偷盗为五过。米麦币帛衣物并论钱数定过。不义而取人

财物百钱为一过，贯钱为十过。欠人财物抵讳不还百钱为一过，贯钱为十过。因而谋害其过加倍。

可见，在道门的劝善书中，对于功过是分得很清楚的。道教认为，功与过，都是阴功阴恶。它们不是记载在阳事的文案上，而是记载在冥间的功过簿上。

《功过格》的修养方法，强调的是个人自我节制。这种强调自我节制的精神，原是中国传统的道德修养的基本特点。儒家经典中常讲"慎独"，"道也者，不可须臾离也，可离，非道也。是故君子戒慎乎其所不睹，恐惧乎其所不闻。莫见乎隐，莫显乎微，故君子慎其独也"（《中庸》）。意思是要经常检查自己的内心。看是否有背离天道的时候，尤其是独处没人监督之时，更要加强警戒，好似有十目所视，十手所指，绝不敢稍起背道的念头。显然，儒家的修养方法，其精义在理性的自觉，即自觉担负起道德责任，时时提起警惕。而《功过格》则是将道德警戒与对天地神灵的感性膜拜、畏惧联系起来，相对于儒家的理性主义，它是一种补充，对于下层民众，《功过格》的影响和控制能力比起儒家经典来，恐怕还要强一些。

同时，《功过格》的方法，是把每一项封建道德分成许多行为规范的子条目，并且从正反两方面将它们的价值量化，这对于一般儒生的修养也有借鉴作用，它能在社会上广泛流行，与此也不无关系。

到了明代，一方面是理学的统治加强，另一方面又是假道学遍地，那做官的，虽然用四书五经作了仕途的敲门砖，但在位上能够实践理学那些道理的却是凤毛麟角。像小说《儒林外史》里写到的范进，中举前是个穷酸之士，中举之后，步步高升，当了官。有人要巴结他，请他赴宴。宴会上用的是象牙筷子，他便不拿，说是母亲才过世，自己还在孝中。主人大是吃惊：这位老爷那么讲究孝道，那满桌的大菜，都是荤腥山珍，那他肯定是不吃的了。谁知换来一副竹筷，范进拿起来就拈了个大虾球到嘴里，大家这才放下心。这范进便是假道学的做派：表面上做得仁至义尽，暗地里却是往实惠的地方钻，骨子里只看重自己的享受和利益。在官场上做做表面文章，暗中收贿赂，捞好处，到别人那里打打秋风，小事一桩。像范进这样的，还不算太坏。书中那位严监生虽然是捐来的官——严格地说还不是官，只是一个虚头的功名，却也挤进了儒林的门缝。他的吝啬被刻画得入木三分：临死了，就是一口气咽不下，眼睛瞪直了看床边，谁也弄不明白他想说什么，只有他的小妾明白：他是嫌油灯里用了两根灯草，太浪费了。于是马上拨去一根，他便一口气吞下去，呜呼哀哉，走了。他还只是吝啬，他的哥哥严贡生，可就更绝了，弟弟一走，他马上来争家产，硬是将个儿子塞给严监生的大老婆，然后与两位寡妇打起官司，贿赂、诬陷，无所不用其极。这些号称读圣贤书的，一肚子坏水。整个儒林多了这种东西，由他们中选拔出来的官员当然好不到哪里去。况且，权力在手，腐败更容易了。

面对官风的败坏，有人便明白，仅靠那"慎独"的办法是不大行了，还要用点神道设教的法子使官员们规矩些，于是有人模仿起道教，编起当官的《功过格》来。

明代的袁了凡便模仿道教的《功过格》，做了一部《当官功过格》，将一般认为的好官坏官的标准详细解析，一项项地拟定若干功或若干过。全书分成功格、过格两大部分，每部分又分为吏、户、礼、兵、刑、工六类，大致依照古代中央政府六部的职司分类，实际上地方官对这六类职司都要负责。袁了凡借《功过格》的方式，要当官的经常警戒自省。所以陈弘谋说，"居官者，论法则为赏罚，论理则有是非。功过者，即所行之是非也。了凡先生功过格，举官司应兴应革之事，条分缕析。即其得失之轻重，以定功过之多寡。于此见居官者每日期之内，一举一动，非功即过。见过易，见功亦易，返观内考，盖无刻不在功过之中，可不惧而知所勉乎。古人每晚，必将一日所行之事。焚香告天，其即此意也夫"（《五种遗规·从政遗规》）。

试看其中"吏"类的《功格》和《过格》：

《功格》：

> 能为地方兴利除害，使百姓永受实惠，算千功。
> 劝戒同僚行善止恶，以事之大小算功。劝戒上司倍算。
> 劾去府州县贪酷正官一员，算千功。佐贰减半论。
> 下僚非得罪地方，不轻革逐，一人算十功。
> 遇大寒大暑大风大雨，钱粮停比，词讼停审，一次算十功。
> 能禁戢势宦豪奴，不使播恶，算百功。
> 能摘发奸恶神棍，置之于法，不使骗诈愚民，算十功。
> 偶有错误，片念拨转，不吝改过，并不喜奉承迎合之言，算十功。
> 严禁佐贰，不得擅受民词，算十功。
> 远来人役，早发回文，一事算一功。
> 凡解人之怒，释人之疑，济人之急，拯人之危，皆随事之大小，人之善恶算功。

《过格》：

> 地方利病，绝不留心，置民生疾苦于度外，其过无涯。地方利病，明知应兴厘，不肯出身担任，一味推卸，图便己私，罔知民隐，图便目前，罔计永远，算千过。
> 风土异宜，时势异纂，不虚心参酌，强不知而为知，见一偏而不见全局，妄作妄为，使百姓受累，算千过。
> 日逐所行事件，不畏天人，惟凭吏胥。更将上司行移，或分付言语，不即用心祗奉力行，使民隐弗申，上泽不究，算千过。
> 开报贤否失当，随官之大小，人之善恶，算过。
> 保约奉行不善，轻委衙官，及致骚扰，算百过。
> 听信左右，指拨害人，逢迎势要，冤抑平民，受人嘱托，枉害善良，使百姓含怨，算百过。

事不即决，淹禁停滞，使讼中生讼，破人身家，一事算十过。

听审人犯已齐，因慵懒饮宴，轻为更期，累众候费烦苦者，一事算十过。

偏护衙役，姑纵奸徒，设局诈骗，阱人身家，算十过。上司怒人，明知其枉，不敢辨救，一事算十过。

事关前任，及别衙门事，明知其枉，而泥成案，徇体面，不与开招者，一事算三十过。毁人扬己，市恩避怨，不顾前官职司，不顾后官难继，算十过。沽不准词状之名，使含冤者无处陈诉，一事算五过。

必要贿嘱方准，一事算十过。

门禁不严，致家人通同衙役作弊，一日算十过。

出入行牌不信，使官役守候劳苦，供应耗费者，一次算十过。

袁了凡的用意，应当说是很好的，但是否奏效呢？很值得怀疑。

道教的劝善文，最大的特点在于具体入微，处处扣紧民众的日常生活，将封建教化和社会公德推行到民间，使之成为习惯，十分有用。

功过格的发明，一方面以相信冥冥中神明监督人的功过善恶并施加报应为前提，另一方面，也以人的自觉修养为前提。如果一个人没有任何自觉，恣意妄行，没有任何良心，那么必然失败。

虽然，人可以不对自己的行为反思和负责，但这些行为，包括内心的邪念与正念，行为的功过是非，客观上始终发生过，并且会留下烙印。

城隍庙里的大算盘正是基于这一点，高高地悬挂着，让任何人一见就有所警觉，有所警惕。它要算的，是人的善恶功过，以及相应的报应。

道教劝善活动的信息场

道教素以善于教化而出名，劝善，是道教的重要传统。民间流传的道教劝善书有《太上感应篇》《阴骘文》等，对民间的道德、行为和观念有直接的影响。佛道两教都在做劝善的工作，各自编写劝善书，尽管基于不同的信仰，但在道德要求方面，都与中国传统的道德规范相一致，所以有些人说：劝善书是三教合一的。合一并不一定合在儒家或哪一家的学说上，而是合在中国文化的传统上。劝善书以出版物的形式出现，有时则径以抄本的形式在民众中流传。实际上，宫观寺庙本身，就是一个劝善的重要场所。拿今天人们常用的话说，这是一个个劝善惩恶的"气场"，而且是强大的气场。像城隍庙里的这种大算盘，也是一种劝善的手段，它的作用在于时时警示人们：管好自己的言行，千万不要妄想作了恶还能逃过制裁！同时，城隍庙也通过楹联等因素，加强劝善的效果。

城隍大殿的门柱上便有这样两幅楹联。一幅为：

怨天尤人愚何其极
修德行善福在其中

世间有许多人，没有发达，便怪老天爷不保佑，自己生不逢时，别人不帮忙，既没有大富大贵的父母亲友，也没有随时可以借力的朋友，就是不检讨自己是否努力、是否抓住了机会。这样将自己不成功全归咎于外界，是何等的愚蠢！要想求福，就该修养道德，多行善事。

那么，有时虽然自己努力做好事，境况却没有立即改善，原因在哪里呢？而有些人干了许多坏事，却并没有像人们期望的那样得到惩罚，原因

又在哪里呢？

对此，另一副对联做了回答：

> 为善不昌祖有余殃殃尽必昌
> 为恶不灭祖有积德德尽必灭

意思是，老祖宗若是做了坏事，必给家族带来灾祸，即使后来又做了些好事，还是抵不过那些坏因素的作用，只要后人坚持下去，纠正错误、消除坏影响，那么发达的日子也就不远了。干坏事的不被消灭，不是恶不受报，而是他们的父母或祖上做过好事，给家族带来了幸运，若是不改弦更张，把老祖宗的遗泽都啃光光，那么，遭受灭顶之灾也就是迟早的事了。这类思想，最早看到的文献，是《周易·文言传》，说："积善之家必有余庆，积不善之家必有余殃。"意思是若是一家人常常做善事，积累不已，即使碰到天灾人祸，但因为积有善德，那么还可以有些剩余的吉祥，可以帮他们转危为安；而老干坏事的人家，哪怕一时境遇不错，甚至飞黄腾达，但坏事干多了，积下的祸殃还是抹不去，迟早有遭报应的一天。

殿内第一立柱上另有一联：

> 发上等愿结中等缘享下等福
> 择高处立就平处坐向宽处行

这一联，是从正面告诫人们，发愿要以最高为好——注意，道门讲的发愿，是专指造福于民及国家的好事，而若是专为一己私利的心愿，则称为"欲"或"私欲"，认为私欲与道心、公心不同，系由妄心所生。结缘却要中等，不能只想着攀高枝，必须以平常心结善缘。享福则要在后，让着他人，自己只求最低限度的福分。下联的意境更高：人要站得高，但平时却须常存平常心，追求、行为都要平实，而内心则要宽，不要给自己设下过高的门槛，也不要争名夺利、逞强好胜，自找烦恼。做一个平平凡凡却又摆脱庸俗之气的人。

第三立柱上也有一联：

为人果有善心初一月半毋用你烧香点烛
作事若瞒天地半夜三更须防我铁链钢叉

意思是说，人们去烧香，大多是有所求，有所祈，求与祈，盼望的当然不是祸而是福。但是福从何来？靠自己积德行善。真有善心，不在于形式上的烧香求拜，做事如果欺瞒天地神明，也欺瞒自己的良心，干坏事，必遭天谴。民间传说，若是一个人做下欺心欺天之事，即使没有其他人知晓，神明也不会放过他，这就叫：善有善报，恶有恶报，不是不报，时候未到！

现代社会，市场经济环境下，物质文明在飞速发展。但与此同时，精神家园不可避免地出现了萎缩的迹象，许多传统美德都丢失了。城隍庙里的大算盘以及各种楹联等，历史上都曾为维护传统美德做出过贡献。如今积极作用也越来越突出。它们劝诫世人：对于祖先的恩德，要知道感激；对于先人的错误，也要敢于纠正。行为的善恶影响着人生的走向，积德行善才是幸福的基本保障。最重要的是，做人总要有所敬畏，时时反省自己，是否往正道上走。所以，以大算盘为象征，整个城隍庙，都是一个劝善惩恶的信息场。人一旦走进来，强烈的敬畏之心便会油然而生。在此我们还是要说一句：尽管神明是神道设教的主要载体，但实际上，城隍庙里这种种设施，想要唤醒的是人类的良知。

承古连今，
旧庙新颜

朱家角城隍庙，从充做戚总兵行辕算起，已经过了四百多个年头，哪怕从乾隆年间正式作为城隍行祠算起，也有三百多年了。这座古庙现在的情形如何呢？它能从古代社会顺利地走进现代吗？

新时代，新机遇

站在信徒众多、香火鼎盛的朱家角城隍庙门前，你或许无法想象，它在 20 世纪 50 年代至 90 年代的惨淡模样。

新中国成立以后，当地政府一度也曾把这座年代久远、建筑风格独特的庙宇当成文物来保护，却并未制定详细的规章计划。当然这也是可以理解的，想象一下，当时百废待兴，理应着力发展经济，解决人民的温饱问题。也正是由于这个原因，城隍庙经历了一次让人们无法忘却的灾难。

由于没有保护措施，城隍庙大殿内那尊城隍爷的塑像，有一天突然倒塌了。据当地的老者说，有人确确实实地看到，在倒塌的那一瞬间，有两行眼泪从城隍像的双眼里流下来。也有人说，城隍神像倒塌的那一日，西边天空中突然出现一片黑压压的乌云，本来大好的晴天居然下起雨来，又或许，那两行眼泪是渗漏的雨水正好落在了城隍爷的脸上，谁又能分得清呢？

随后，城隍庙内几乎所有神像都被摧毁了，庙中一宝——大算盘，也被拆下来，连大门前的那对石狮子也不见了踪影。荒废的角落里长满了野草，房梁上结着无数的蜘蛛网。只有大殿后面那棵古老的银杏树寂寞地立在那里，日日夜夜默默无闻地生长、开花、结果，似乎在等待着什么。

又过了一段时间，当地人进驻了城隍庙。

人们在城隍庙大殿内设置了一个菜市场，再也不见往日的旺盛香火，取而代之的是热热闹闹的讨价还价。城隍庙菜市场是当时朱家角镇唯一的菜市场，早上人们在这里买菜，聊家常，庙场上还搭建了为摊贩避风挡雨的木棚子，每当夜晚来临，还常常会有两三个流浪汉在这里过夜。除此之外，城隍庙内还有过副食店、杂货店、学校、居委会等。百姓买菜，学生上学，工人上班，庙内每天都人声鼎沸。

荒废的城隍庙被人们充分利用了起来，尽管基本没有宗教信仰功能，但不可否认的是，它在客观上也对当地百姓的日常生活有所帮助。

据当地一位年长的女香客说，她常常买完菜后，就去看看菜场后那棵高大的银杏树。有时候遇到什么不顺利的事情，她都会自己在银杏树前面设一个简陋的香案，虔诚地跪拜在银杏树下，轻声诉说祈愿。再后来，角里（朱家角旧称）的人都会像她那样，在某些时候去银杏树下拜一拜城隍爷。没有香案，人们就从自己家里拿来板凳和小香炉。可见在当地百姓的心目中，银杏树在很大程度上代表了城隍庙。尽管条件简陋，但百姓相信城隍爷能够感受到他们的诚心，会一直像以前那样守护着这里的人。

由此可见，城隍庙对当地人的影响相当深刻。哪怕庙破旧了，挪作他用，人们心中却仍然留存着信仰的种子。

终于，在1992年，县、镇政府和县宗教局及上海市道教协会等机构，经过长时间商议，最终决定成立一个专门的班子——朱家角城隍庙修复委员会，来收回并修复城隍庙，逐步恢复城隍庙的原貌。

修复委员会在面目全非的戏台东面找了一个破陋的房间当成办公室。这个班子的主要成员都为日后的工作做出了很大贡献。

许兆忠，青浦凤溪人，任修复委员会主任。他从小学道，有着非常坚定的道教信仰，与陈莲笙（已故上海市道教协会会长）是老相识，在道教界也有着非常好的声誉。许老道长当时已78岁高龄，一听说要重新收回城隍庙作为宗教活动场所，非常高兴，想着自己多年的期盼终于有了苗头，不顾自己的身体状况，积极主动地申请参与这项任重道远的工作。但非常不幸的是，许老道长在1994年因病过世，享年80岁，恢复城隍庙的宗教功能恐怕是老先生最大的遗愿了。

范诚凤（范金凤），青浦练塘人，任出纳兼三产，那时只有48岁。她出生在道教世家，与道教有着深厚缘分。由于委员会的成员大多数人年纪都比较大，腿脚不是很活泛，所以后来很多的辛苦工作都是由范道长忙前忙后的。庙里没有地方住，她就住在家里，从练塘镇到朱家角镇那么远的路，每天骑一辆破旧的自行车来来回回，风雨无阻。委员会发的仅有一点

点补助费，甚至不够日常生活的花销，她就每日在家里准备干粮，很多工作都是吃着凉干粮就着白开水完成的。

还有方振亚、袁学生等成员也为朱家角城隍庙日后的修复做出了贡献。

委员会于1992年首先收回了原本作为米店的城隍庙大殿，以及戏台东面部分。虽然还有一大部分没有收回，对于委员会的成员们和众多信众来说，已是看到了"星星之火"，他们也相信这"星星之火"，必定能燎原。

收回大殿后，委员会于1993年初在政府部门的协助下，制定了非常详细的修复计划：修复实行双包政策，资金由上海市道教协会资助，共四万元，建筑修复工作由上海崇明庙宇建筑队负责。

这期间，委员会的成员们全忙得分身乏术，一方面与建筑队讨论着庙宇如何修复，一方面还积极主动地与当地群众沟通。因为有两户居民和一家单位职工宿舍占据了城隍庙的很大一块地方，许道长和范道长真诚地与他们交流，最终他们被感动，陆续搬离城隍庙。就这样，委员会一步一个脚印地走着，逐步收回了城隍庙的大部分空间。

那是一个天气很好的早上，太阳从东面缓缓地升起来。范诚凤道长只穿了一件单衣，推着那辆破旧的自行车走进庙里，抬头看到城隍庙大殿屋檐的一角，差不多已经恢复原貌了，在阳光的照射下微微闪着光，她眯着眼看了好久，直到眼睛里泛起了闪闪的泪光。范道长说，那天她终于看到了希望，朱家角城隍庙要焕发生机了，那么多日日夜夜，辛苦的工作，没有白白付出。

在政府的帮助和群众的协助下，朱家角城隍庙于1993年7月恢复正常的宗教活动并对外开放。这是青浦地区第一个恢复的城隍庙。

重新对外开放后的一天，一位年纪近80岁的老人站在城隍庙门前那对石狮子边上，轻轻摸着狮子的头，眼里含着泪花。范诚凤道长恰好看到，心道奇怪，便把老人请到厢房中去坐坐。老人轻轻拭去眼角的眼泪，问范道长这对石狮子何时"回家"的。原来，老人一直是城隍庙的忠实香客，门前这对石狮子几乎陪伴着他一起成长。后来，他离开家乡去外地工作了，心中却常常念叨着石狮子，不知道它们是否还在。近日回乡，一定要来城隍庙拜拜，远远地看到有对石狮子威武地守护着庙门，老人还以为自己眼花了，但又觉得景象是那样的清晰。走近一看，果然是陪伴自己一起成长的那对石狮子还在，一时激动得不知说什么好。

静静听着的范道长眼睛里也闪烁着泪光，她感慨万千地说："老先生，您一定想知道这对石狮子是怎样逃过一劫的吧。"原来，事情是这样的：

"文革"时期，这对石狮子就被盯上了，不怀好意的人一直谋划着把这对石狮子砸毁。一天，一位姓周的工人路过这里，看到有一队人马正在破坏庙门前的石狮子，有的人还拿着木棍使劲砸狮子的头。幸而这对石狮子的石料很好，狮子头丝毫没有破损。其中一个人愤怒地说，明天要拿来钢棍，一定要"破除封建迷信"。周师傅躲在一边听得很仔细，心想这可了不得，这对石狮子可是文物啊，是城隍庙的守门神啊！万一破损了，那得是多大一笔损失！

周师傅回到工厂后，找来几个关系较好的工友，他们不仅是工友，也都是城隍庙的忠实信众。几个人在工厂的一个角落里窃窃私语了好久。

这天半夜，月亮被厚厚的云层遮住，人们全熄灯睡下了，只偶尔传来几声狗叫。城隍庙门前却传来一阵阵窸窸窣窣的声音。原来是周师傅和工友们悄悄地拿着粗木棍和麻绳在"绑架"那对石狮子。不一会儿，他们就麻利地绑好了。他们交换了一下眼神，点点头，稳稳地抬起了石狮子。那对石狮子也仿佛没有了白天的坚硬，变得轻巧起来，随着周师傅和工友们轻轻的脚步声，消失在了黑夜里。

后来范道长来到了城隍庙，每日为庙宇的修复操心劳累。周师傅常常来这里烧香，渐渐与范道长熟络起来，他觉得范道长是一个值得信任的人，便把自己那日半夜与工友"绑架"石狮子的事情告诉了道长。范道长大喜，拍着大腿说：原来石狮子没有被毁掉啊！

于是范道长与周师傅选择了一个良辰吉日，一起来到了周师傅先前所在工厂的一个废弃的角落里，开始挖掘那对石狮子。果然，石狮子完整地躺在泥土里，毫发未伤。

范道长说，她真心感谢像周师傅这样善良的人，没有他们，城隍庙也无法如此顺利地重建和开放。

愿心与善心

石狮子回来了，修复工作仍然在艰难地开展着。

随着城隍庙修复工作的进展，香客也越来越多了。修复委员会觉得有必要成立一个专门的道班来维持日常工作，同时也是为了满足信众们的宗教需求。

本着为百姓服务的愿心，1995年正式组建了朱家角城隍庙道班，在原有委员会成员的基础上，又请来了张昌余道长、张重炳道长、朱文华道长等人。

组建这个道班的过程也是非常不容易的，因为那时庙里还没有任何高功（注：道教法师的专名），很多科仪法事都无法完善。委员会的成员急得团团转，不知道该如何是好。这时突然有人想起了张昌余道长，以他老人家的资历完全可以担任高功。于是，大家就商量着要去青浦凤溪镇找张道长，这时又有人道出了心中的担忧，张老先生已经76岁高龄了，而且身体一直不是很好，不知道是否愿意大老远来我们这简陋的小庙。想想也是，那时候朱家角城隍庙还处在修复阶段，条件相当艰苦，不是一般人能够坚持得了的。想了又想，大家决定还是去凤溪镇拜访一下这位老道长。

一进老道长的家门，怎么说呢，那还是一个家吗？东面的院墙已经倒塌，小房屋的窗户上没有玻璃，只是糊了一层薄薄的旧报纸，看得出，老道长过得很清贫。老道长一听是朱家角城隍庙委员会的人来了，高兴得立刻出来迎接，听完来意后，更是表示非常愿意去朱家角城隍庙。老道长说，自己仿佛一直在等这一天，他真心向道，愿意为百姓服务。

就这样，张昌余道长正式在道班里担任高功。当时条件非常艰苦，每个人每月只有几十块钱的补助，张道长身体不好，还要拿出一部分钱买药，再加上每天的工作都很辛苦，很多人都怕老道长的身体撑不住。

可是，你猜怎么着？张道长自从来到城隍庙里，身体居然渐渐地好起来了，身板似乎比以前更加硬朗了。人们常常打趣说，老道长是越活越年轻了，莫非是会长生不老之术？老道长总是笑着说，我在庙里工作真心感到开心，身体自然越来越健康，一颗向道的心才是最重要的。道班中有些人一开始还会抱怨工作太辛苦、发的补助金太少，一见张道长这充满大爱的愿心，非常受感动，在日常工作中变得积极起来。

大家相信：有大愿，必有大行。

成立道班的同时，庙宇的进一步修缮工作也正在进行着。

起初成立修复委员会的时候，由朱家角镇政府提供了修复资金四万六千元，看起来似乎是一笔不小的数目，可是真正运营起来，这里面的艰辛拮据，外人又怎么会知道呢？

眼见着城隍庙的大殿马上就修好了，大家却紧张起来。原来前几天负责修复城隍庙的崇明庙宇建筑队罢工了！

庙方代表找来建筑队队长，队长怒气冲冲地说："不给钱，就不干了！"原来，建筑队这个月没有拿到工资。庙方代表找来会计，会计也表示很无奈，大部分钱都用来买建筑材料，再也无力拿出工资这部分钱了。不仅建筑队工人没有拿到工资，连道班里的各位道长都已经连着好几个月没有拿到每个月仅有的那几十块钱补助了。范诚凤道长得知此事后主动请缨，要去找建筑队队长好好谈一谈。

那时已经是深冬了，南方的冬天虽然不像北方那样冰天雪地，但的的确确湿冷，尤其寒气逼人。因为好几个月没有发补助金，范道长并没有购置新棉衣，还是穿着几年前的那件旧棉衣。她骑上那辆一直陪伴她的旧自行车，来到镇上的招待所找建筑队，一打听才知道，原来建筑队悄悄地回崇明去了。这可怎么办？时间紧迫啊，眼看就要过年了，修复城隍庙的工作可不能再拖延了，范道长一咬牙，把自行车留在招待所，跑去车站，搭上了去崇明岛的车。

找到建筑队队长时，已经是晚上了，晚上的风吹得更厉害，可是范道

长却累得一身大汗，身上热气腾腾的。队长看到范道长大老远从青浦赶到崇明来，心里有一点感动。

他说："范道长，你的诚意我是看到了，可是……"

"我也知道你和队友们的难处。"范道长看出了队长的难言之隐。

"你看这样好不好？"范道长继续说，"你们回去继续干，帮我们把大殿修好，你们的大恩大德，我们一定不会忘记。至于工钱，等到年初一，打开功德箱，里面有多少钱，就全拿出来给你们补上工资。"

队长还是有些犹豫。

"阿嚏"，范道长身体冷了下来，不禁打了个喷嚏。

队长抬头看看已经冻得够呛的范道长说："好，看在您这份诚心诚意的面子上，我们就干了！"

范道长一听，高兴得泛起了泪花。

终于解决了这个棘手的问题，可是大家还是没有放松下来。

修复资金全部用在了"刀刃"上，可怎么解决庙里工作人员的吃饭问题呢？于是，大家想出了一个办法，每天每个人从自己家里带来一点米，拿来后一起煮，就连年纪大的张道长也不例外，这样才基本解决了吃饭问题。

附近的百姓也都是很有爱心的，看到各位道长天天忙得非常疲劳，有时却连饭也吃不饱，就常常从自己家里带来一些米饭咸菜之类。朱家角古镇的粽子是非常出名的，大家都知道吧，据说，当时有一位老奶奶包得一手好粽子，自己吃不了的就拿出去卖给其他居民，换些零钱买生活用品。她听说了城隍庙的困难后，就提着一个竹编的篮子，篮子上盖着一层厚厚的棉布出门了。一路上，认识她的人都问她篮子里的粽子今天卖不卖，她急匆匆地说着，不卖了，不卖了。人们觉得奇怪，看这老奶奶急忙地赶去哪里呢。老奶奶迈着"三寸金莲"，却比没有裹脚的人走得还快，不一会儿，她来到城隍庙，进门就大声嚷嚷："人呢，人呢？各位道长呢？"

原来，老奶奶是给道长们送粽子来了。她颤颤巍巍地掀开篮子的盖布，拿出一个个粽子，居然还冒着热气。她递给道长们，道长们却没有一个接的。急得老奶奶说:"哎呀呀,你们真是要急死我了,你们吃了我的粽子,才有力气修庙,才有精力为百姓服务啊!"道长们很感动,但觉得老奶奶自己的生活也不是很宽裕,都不好意思吃老奶奶的粽子。老奶奶说:"你们再不吃啊,这粽子就变凉了,放到第二天就变馊了,那你们可就是辜负了我一片心意。"她佯装生气,道长们这才接过粽子来。老奶奶看着道长们吃到热气腾腾的粽子,脸上的皱纹舒展开来,笑着说:"你们呀,不用和我见外,我不是外人。"

不是外人?这又是怎么回事呢?老奶奶娓娓道来。

原来,她从小住在朱家角,家人常常带她到朱家角城隍庙去祭拜。小时候她身体不好,常常生病吃药,有一次,高烧了两天两夜,去镇里的诊所打了针,可还是高烧不退,一度陷入昏睡。第三天早晨,她突然醒了过来,烧也退了,陪在床前的母亲又激动又开心,连忙询问。她这才回想起前一天晚上做了一个很奇怪的梦。本来和小伙伴们在街上踢毽子,天突然黑了下来,抬头看看的工夫,身边所有的人都不见了。她就一个人孤零零地向前走,越走越黑,看不见任何人。她害怕得大声哭喊。这时,突然看到身后有一道亮光,她就转身朝着那道光走去,一位慈祥的老爷爷就站在那里,老爷爷帮她把眼泪擦干,然后牵着她的手一直朝明亮的地方去。走啊走啊,周围的光亮变得越来越耀眼,老爷爷就使劲向前推了她一把,后来她就醒了,一睁眼看见了床前的母亲,高烧竟然也退了。

道长们听得津津有味。老奶奶说:"想必是跟城隍老爷结下了缘分,从那之后,我就再也没生过大病。听说如今要重修城隍庙,条件很艰苦,我当然要来帮帮忙,尽一份心啊。"

直到现在,老道长们回想起那些惨淡经营的日子,仍旧是感慨万千。

朱家角城隍庙

旧庙换新颜

眼看着庙宇已经修复得差不多了，重新装塑神像的工作紧张地展开了。

1995年6月的一天，城隍庙修复委员会成员们怀着既高兴又不安的心情，来到了苏州市太湖村的一家塑像店。修复委员会代表拿着城隍爷神像的草图到办公室与商家讨论，不一会儿就垂头丧气地走了出来。到底发生了什么？商家可以做城隍爷的塑像吗？其他委员们着急地询问着。原来，资金太紧张了，商家提出的价格又太高，根本支付不起。谈判陷入了僵局。这可怎么办呀？

苏州市道教协会听说了这件事情，出面进行协商，最终商家同意雕一座木制的城隍神像。

回上海后，会计算着账上的钱，发现也不够支付一座木制神像的费用了。怎么办？道班紧急召开了一个会议来商量这件事情，有人提出暂时先用泥塑的，想着这样确实能够尽快解决问题，他们就马不停蹄地去实施了。委员会请来泥塑工人，一口气塑造了土地公、施相公和观音菩萨三座神像。

就这样，朱家角城隍庙一天一天地换了新颜。

范诚凤道长看着逐步修复的庙宇，突然想起一件事：大算盘还没有制作呢！怪不得总觉得缺了点什么。

小算盘很多文具店里都有，但是大算盘哪里能找到呢？范道长跑到先前苏州那家塑像店，但商家表示不会做算盘，又连着跑了几家店，人家都说只会塑神像，不会制作大算盘。

有位数学老师听说了这件事，叫上几位同事，一起找到了范道长。他们说自己本来就是教数学课的，对算盘很熟悉，愿意帮忙一起来制作这个大算盘。范道长一听，这事终于有了眉目了，就请来了一位木匠。可是又一个难题难住了他们。这个大算盘以前到底有多大呢？都已经被毁那么多年，谁还能记得那么清楚呢？范道长拿着纸和笔，迟迟确定不了草图方案。大家讨论了一晚上，也没有个明确的结果。

散会后，范道长静静地在城隍神面前跪拜了很久，心渐渐地静了下来，这时她一拍脑袋，突然想到了一个办法：只要将正常尺寸的算盘放大十倍，不就可以了吗？你说奇怪不奇怪，大家围着桌子讨论了那么久，都没想到这个办法。也许因为大家太着急了，就把这个最简单的办法忽略掉了。

等到主要的神像都塑装好了，大算盘也挂上之后，朱家角城隍庙选择了一个黄道吉日，为新神像开光。

那时候，朱家角城隍庙道班的人员还不是很齐全，就又请来了上海白云观的朱掌福等16位道长。同时，上海市道教协会副会长张文希也带队参加了开光仪式。

仪式那天，阳光特别灿烂，朱家角城隍庙里里外外挤满了香客，人们安静肃穆地观看了开光仪式。有几位老信众是看着城隍庙一步步从荒废不堪到今天重换新颜的，提到城隍庙旧事，他们都记得特别清楚，仿佛就发生在昨天。

1996年，城隍庙先后又制作了城隍夫人、王灵官、财神爷、二太子等神像，并一点点把其余被占的空间都收回来了。

所以，如今你来到上海朱家角，看到的已经是一座全新的城隍庙了。

朱家角城隍庙

走进现代的城隍庙

上海市朱家角古镇向来就有"江南明珠""上海威尼斯"及"沪郊好莱坞"的美称。朱家角历史悠久，有着丰富的旅游资源，共有36座古桥，座座古朴典雅；有9条长街临水而建，民居宅地依水而建，一式明清建筑，古风犹存。1991年，被列为上海四大历史文化名镇之一。

朱家角优美的自然风景，在于一山一湖。真山真水，显现出江南水乡的特色。

山名叫淀山，虽不高，名气却极大，为浙西天目山余脉，如登山望湖，有"淀峰晚照"一景可赏。湖就是淀山湖，面积达62平方公里的天然淡水湖，湖东区大部分在朱家角境内，有11个杭州西湖面积那么大。乘艇游湖，茫茫水天一色，湖畔芦苇轻摇，惊起野鸭水鸟，顿觉远离尘嚣，心旷神怡。

如果说九百岁的水镇周庄小巧精致似小家碧玉，那么千年古镇朱家角则可说是气势磅礴，具有大家闺秀的风采。首先，朱家角古镇面积达1.5平方公里，是周庄面积的3倍多，游玩的地方自然也更多。漕港河将朱家角分成两半，北岸井亭港，南岸北大街，两岸遍布蜿蜒曲折的小巷，铺花岗岩石街面，有着青砖黛瓦的明清建筑及众多的历史遗迹。有一桥、一街、一寺、一庙、一街、一馆、二园、三湾、二十六弄，到处都是迷人而别具古镇特色的人文景观。

一桥，尤其是横跨于漕港上的明代建筑五孔石拱"放生桥"，造型优美，极为壮观。放生桥是上海地区最古老的石拱桥之一，为上海市级文物保护单位。站在桥上，看七月廿七摇快船比赛，再好不过，而其他三十几座古石桥之壮美也并不逊于周庄，论构筑和工艺，朱家角的中和桥和西栅桥较周庄双桥更坚固，而那些特色桥更是周庄无法比拟的。三步之遥的

"高低桥"、"微缩景观"的课植桥,"咯吱"作响的戚家桥,"纪念国耻"的永丰桥……

一街,是沪上第一明清街北大街,久经沧桑,还保存得原汁原味,那"一线天"的独特构筑,令人啧啧称奇。有"长街三里,店铺千家"之称的北大街,老店招林立,大红灯笼高挂,是为江南古镇里最热闹的古老街道,其他古镇望尘莫及。

一寺,是报国寺,为上海玉佛寺下院,寺内有缅甸白玉雕成的释迦牟尼玉佛、新加坡赠送的第一尊白玉观音及千年古银杏,称为报国寺"三宝"。

一庙,就是城隍庙,已有二百多年历史的朱家角城隍庙,青瓦黄墙,飞龙翘角,吉祥葫芦,花格落地长窗,呈现出古意盎然、香烟袅绕、肃穆壮丽的景象。其中"斗拱戏台""木刻横梁"及"中堂画轴"(现已废)被称为城隍庙"三宝",十分罕见。

一厅,是席氏厅堂,集江南豪门建筑之大成,特别是墙门砖雕堪称一绝,其图案之优美,雕花之精细,技法之高超,让人叹为观止。

一馆,即王昶纪念馆,展出清代乾隆十九年进士、刑部右侍郎、"吴中七子"之一的王昶的蜡像、诗文字画、碑刻、织布机、老式床等近百件实物展品,内容丰富,史料翔实,品位极高。

二园,是课植园和珠溪园,一个古老,一个现代;一个庞大,一个精巧,相映成趣。课植园是一处庄园式园林建筑,占地96亩,由马文卿建于1912年,乃寓"一边课读,一边耕植"以应园名。园内建有书城,又辟有稻香村。园中亭台楼阁,廊坊桥树,厅堂房轩,一应俱全,各种建筑及生活用房二百余间,布局错落有致,疏密得体,构思精巧,在私人园林建筑中实属罕见。珠溪园则建于1956年,占地70余亩,小巧玲珑,景色优美,布置成春、秋、冬三园,各具特色,如今还辟有儿童乐园、餐厅、茶室、商店,为休息、进食、购物、游玩于一体的理想场所。

三湾,即三阳湾、轿子湾、弥陀湾。人行街上,前后左右都是房屋,以为到了路尽头,直角拐弯,一街市面却在眼前,令人产生别有洞天的奇妙感觉,这种在老街上出现奇特拐弯的景观,是其他古镇难得一见的,在

朱家角才能见到。

  二十六弄,实际上朱家角的古弄何止二十六条,每街每路都有弄,路通街,街通弄,弄通弄,形成网络式棋盘格局,朱家角的古弄幽巷又以多、古、奇、深,名闻遐迩,这是江南其他古镇不能相比的。穿弄走巷,如入迷魂阵,趣味无穷。寻古探幽,与北方胡同的情趣又有异曲同工之妙。近年,"古弄旅游"越来越受到外地和外国游客的青睐,是颇有价值,有待进一步开发。

  镇区还建有一批现代化旅游设施,淀山湖畔建有亚洲最大的水上运动场、设施先进的上海国际高尔夫乡村俱乐部,大淀湖旁建有现代化旅游度假区。1998年10月,举办"全国第九届屈原杯龙舟赛暨98上海·朱家角古镇旅游节",三天吸引了10万来自全国各地的游客。2001年,朱家角镇的游客数量超过80万人次,旅游商贸收入超过3.6亿元。朱家角独特的自然风光和人文景观,使之成为上海地区著名的旅游胜地。

  2002年3月,江泽民同志为朱家角题写了"江南古镇朱家角"七个大字。

城隍神重坐新庙

整修完善后的朱家角城隍庙，建筑面积达到3600平方米，占地面积约有六七亩，属于区级文物保护单位。

现庙内有正一派道士七人，成立了以翟仁军道长为管委会主任，周雪华道长、顾连喜居士为成员的领导班子。

城隍庙殿宇基本沿中轴线布局，轴线分明，纵横对称。中轴线上，从八仙照壁开始，石狮、头门、戏楼、宝鼎、大殿、寝宫以及后花园（现已不存），两侧配以廊庑。修复完善后的城隍庙各殿，飞檐凌空，斗拱交错，整个布局气势雄伟。

城隍庙坐东朝西，正门面对市河，正门门庭中有上海市道教协会会长陈莲笙题写的"城隍庙"三字。正门临河有一垛照壁墙，两边为东西辕门，正前方有一对石狮，比之北方石狮的雄壮威武，此处的石狮怀抱绣球，线条柔和，显出江南石狮的灵动可爱。进门左右有两个侧殿，再前有一石柱鱼脊，飞檐翘角的戏台，戏台顶部有160只斗拱组成圆形藻井。前台正中悬一巨匾，上书"鉴古"二字，每一字有一只八仙桌大小，苍劲古朴、气势雄浑。台前横额刻有"承平雅颂"四字，两旁石柱刻有一副对联：

筑斯台悠也久也
观往事梦耶真耶

台柱上则刻着楹联：

游目骋怀绝胜评花赏月
现身说法勉为孝子忠臣

上联写了看戏人的感受：眼睛在观赏，心中思绪万千，为戏台上演的剧情感叹不已，绝对不亚于观赏自然风光。下联则是演戏人的感受，用自己形象的表演，向世人言传身教，要孝顺家中父母，要忠心报效国家。

戏台前是一块用石条铺地的庙场，过了庙场便是正殿。大殿主体由殿前露台、献殿、正殿和后面的龟头屋所组成。大殿门楣上高悬着一副大算盘，相较一般庙宇所悬挂的匾额，颇为独特。配合大殿内两侧是十殿阎王图，无不令恶者心惊，善者扬眉吐气。殿内立柱上均有对联，文化气息很浓厚，第一立柱上为：

发上等愿结中等缘享下等福
择高处立就平处坐向宽处行

第二立柱上为：

为善不昌祖有余殃殃尽必昌
为恶不灭祖有积德德尽必灭

第三立柱上为：

为人果有善心初一月半毋用你烧香点烛
作事若瞒天地半夜三更须防我铁链钢叉

对联的内容是在真诚地劝人为善，告诫人们：人生在世一定要正大光明，心怀慈善，并要积德行善，善德才有福。

大殿正中供奉的即本庙的主神——青浦城隍神。上文提到过，城隍庙曾遭到很大的破坏，那个时候寝宫就被毁掉了，所以城隍夫人是与城隍老爷一起坐在大殿里的。他们慈眉善目，神态安详，仿佛在时时刻刻保佑着朱家角，保护着百姓。

更多的文化功能和发展前景

与旧时代城隍庙相比,新世纪的朱家角城隍庙发挥着更多的文化功能。

❀ 古戏台看戏

老人们都知道,旧时城隍庙里逢年过节或者赶上神仙圣诞,都会精心准备一台"酬神娱人"的好戏。看戏的"主角"自然是城隍神以及各路神仙,普通百姓只是沾了神仙的光,顺便跟着看看戏罢了。

2006年3月,为了继承城隍庙"酬神娱人"的传统和恭祝二太子真神圣诞,由信士沈先生、寿先生、李先生出资,邀请了江苏省溧阳市锡剧团来古戏台演出。

那天天气晴朗,阳光灿烂。城隍庙庙场两侧的廊庑里挤满了朱家角远远近近赶过来的百姓,很明显可以看出,人们都拥挤在这里很不舒服。更何况,挤在这里看戏,看得不清楚,听得也不仔细。而古戏台的石质看台上却是空荡荡的,了无一人。虽然大家都知道,这石质看台才是看戏的最佳位置,在这里可以看到全景,听得也真切。也正是因为这个原因,普通百姓是不能在这里看戏的,这是城隍神的位置。眼看着剧团的演员们都快化好妆上台了,台下因为太拥挤而发出阵阵喧闹声,这时候庙里负责人来了。向大家喊道

"请不要挤在廊庑上呀,请各位来石质看台上看戏吧!"

这句话说出来,台下的人瞬间安静了下来。大家你看着我,我看着你,不知道这是怎么回事。

负责人这才跟大家解释：新世纪要有新观念，现在我们庙里的活动要逐步走上"以人为本"的道路。

想想也是，如果把城隍神像请到石质看台上看戏，那就得派人时刻保护着神像不受损害，不免要劳民伤财。现在的方案是，城隍老爷依然留在大殿内看戏，普通百姓可以坐在石质看台上看戏。有人又想了，这大殿距离古戏台可有一定距离啊，不知道城隍老爷能看得清吗？不知道他老人家是否会怪罪呢？负责人说，这个大家倒是不必太过担忧，城隍老爷是神仙，必定耳聪目明；况且，他乃是大慈大悲之人，必定也是宽宏大量的。

剧团演出了"五女拜寿""后珍珠塔"等精彩剧目，百姓看得更是兴高采烈。看戏，过去是以神为主，现在似乎有以人为主的味道了。

观光景点

新世纪的城隍庙不仅是道教教徒的活动场所，更成了游客们观光游览的好去处。朱家角城隍庙以古朴典雅、恢宏奇伟、气势壮观、独具民族风格，令中外游客神往。

每年城隍庙都会举办大型的庙会活动，进香者云集，出售香烛、饮食、服饰的商贩和民间艺人也趁此机会纷纷前来，满足香客的物质和文化需求。

自清代咸丰、同治年间城隍庙市场形成以来，各地身怀绝技的民间艺人渐渐云集城隍庙，在凝辉路上形成了民间传统工艺一条街，有传统的顾绣、剪纸、剪影、捏面人、草编艺术等，巧手绝技，令人大开眼界。

朱家角城隍庙还吸引了国家领导人前来参观。

2002年3月19日下午3点半左右，朱家角游客如织。时任国家主席的江泽民同志，在青浦区委书记钟燕群陪同下来到朱家角城隍庙参观。江泽民同志是以普通游客的身份来到朱家角观光旅游的。江主席一边认真听城隍庙接待人员的热情讲解，一边与周围游客摆手打招呼。游客们也热情地与主席打招呼并报以欢迎的微笑。

2005年10月22日，金秋十月，气候宜人。千年古镇朱家角到处彩旗高展，游人如织。青砖古瓦的小巷，人尽枕河的老宅，处处洋溢着江南水乡特有的气息。位于古镇中心漕河边的城隍庙庙内香烟缭绕，窗明几净，朱红院墙粉茸一新。庙中众羽士在青浦区道教协会会长成笃生道长的带领下，齐聚山门，迎接来自中国台湾地区的中国国民党荣誉主席连战先生一行。

上午10点整，连战先生在中共上海市委副书记罗世谦、中共青浦区委书记巢卫林、青浦区侨台办主任许卫峰等领导的陪同下，与夫人携手来到城隍庙。行至山门处，成道长快步上前，稽身行道礼相迎，连战先生双手作拳以回礼。成道长与连战先生边行边语，向连战先生介绍了城隍庙的来历，"城"与"隍"的含义，当地城隍神的由来以及庙中各方面的情况。连战先生听得不停颔首，并仔细询问了庙中道众和香火的情况。连先生说："城隍乃一方神主，福泽当地黎民，厚德积淀千年，随行诸君应礼之。"言毕携夫人于正殿处拈香三叩首，祝愿城隍庙香火鼎盛，道业兴隆，并向城隍神敬献了功德礼金。

礼毕，连战先生关照随行人员也一一朝拜，以示敬意。随后在成笃生道长的陪同下，缓步离开了城隍庙，整个行程约二十分钟。

2010年11月1日，前来参加上海世博会闭幕式活动的中国台湾地区亲民党主席宋楚瑜等贵宾专程游览了水乡古镇朱家角。宋楚瑜一行在青浦区委常委、统战部部长陆建铭陪同下，参观了城隍庙。

朱家角城隍庙在充分发挥观光旅游功能的同时，也成为连接海峡两岸赤子之情的纽带。

慈善功能

一直以来，朱家角城隍庙都在默默地为社会做一些力所能及的善事。

2018年1月中下旬，向朱家角北大街居委会捐款2000元。2011年6月10日，向青海玉树地震灾区捐款2000元；8月15日，向甘肃舟曲泥石流灾

区捐款 2000 元。

除去物质上的帮助之外，城隍庙还充分发挥自己的作用，提供精神支持。2010 年 6 月 19 日，在青浦城隍庙举行玉树同胞罹难超度法会，朱家角城隍庙专门组建了一支队伍参与。还有每年上元节、中元节、下元节，庙里都会组织追思超度法会，寄托怀念之情，为家属祈送心灵慰藉。

除此之外，朱家角城隍庙还以其古色古香的建筑和宏大的规模，受到国内外多家电影制片厂的青睐，这里曾经拍摄过《特殊身份的警官》《江南神探》等多部电影。

常言道："山不在高，有仙则名；水不在深，有龙则灵。"进入 21 世纪以来，朱家角城隍庙随着时代的发展而不断完善，影响也会越来越大。

图书在版编目（CIP）数据

朱家角城隍庙 / 成笃生主编；刘仲宇，翟仁军编著 . -- 北京：华夏出版社有限公司 , 2024.9

（中国道教文化之旅丛书）

ISBN 978-7-5080-9896-8

Ⅰ . ①朱… Ⅱ . ①成… ②刘… ③翟… Ⅲ . ①城隍庙－介绍－青浦区 Ⅳ . ① B957.251.3

中国版本图书馆 CIP 数据核字（2019）第 297620 号

朱家角城隍庙

主　　编	成笃生
编　　著	刘仲宇　翟仁军
责任编辑	黄　欣

出版发行	华夏出版社有限公司
经　　销	新华书店
印　　刷	北京市华宇信诺印刷有限公司
装　　订	北京市华宇信诺印刷有限公司
版　　次	2024 年 9 月北京第 1 版 2024 年 9 月北京第 1 次印刷
开　　本	720mm×1030mm 1/16
印　　张	10
字　　数	161 千字
定　　价	42.00 元

华夏出版社有限公司　地址：北京市东直门外香河园北里 4 号　邮编：100028
网址：www.hxph.com.cn　电话：（010）64618981
若发现本版图书有印装质量问题，请与我社营销中心联系调换。